Jörg Ahlbrecht

Abenteuer Alltag

Ein ganz normaler Tag mit Jesus

Tägliche Andachten

ABENTEUER ALLTAG

Jörg Ahlbrecht

Ein ganz normaler Tag mit Jesus

Tägliche Andachten

GerthMedien

WILLOW
Willow Creek • Edition

Die Bibelzitate wurden, sofern nicht anders angegeben, den folgenden Bibelübersetzungen entnommen:
Gute Nachricht Bibel, revidierte Fassung, durchgesehene Ausgabe in neuer Rechtschreibung,

Lutherbibel, revidierter Text 1984, durchgesehene Ausgabe in neuer Rechtschreibung,

Hoffnung für alle – Die Bibel, durchgesehene Ausgabe in neuer Rechtschreibung,
 Übersetzt und herausgegeben durch: Brunnen Verlag Basel, Schweiz (Hfa)
Neues Leben. Die Bibelübersetzung

1. Auflage 2007
Bestell-Nr. 816 846
ISBN 978-3-86591-846-8
Umschlaggestaltung: Hanni Plato
Umschlagfotos: Michael Vander Kallen, Mark Fiorenzo
Satz: Die Feder GmbH, Wetzlar
Druck und Verarbeitung: Schönbach-Druck, Erzhausen
Printed in Germany

Inhalt

Vorwort

Vorwort

Als ich im Dezember 2000 zum ersten Mal in die USA flog, um mir die *Willow Creek*-Gemeinde anzuschauen, ahnte ich noch nicht, dass diese Reise mein Leben zutiefst verändern würde.

Im Rahmen einer Mentoring-Woche nahm ich an einer Leiterfortbildung teil und erlebte zum ersten Mal hautnah diese Gemeinde, deren Mitarbeiter ich bis dahin nur von Konferenzen und aus Büchern kannte.

Gegen Ende dieser Woche kam jemand in unseren Seminarraum und erkundigte sich, ob bei uns Interesse bestünde, an einem neuen Seminar von und mit John Ortberg teilzunehmen. Es ginge um Jüngerschaft. Sie würden gerade dieses neue Seminar testen und es wären noch ein paar wenige Plätze frei. Da ich für den Samstagvormittag keine anderen Pläne hatte, sagte ich spontan zu. Ich kannte einige Bücher von John Ortberg und war gespannt darauf, diesen Mann mal in seinem natürlichen Umfeld in der Gemeinde zu erleben.

Am Samstagvormittag fand ich mich dann zusammen mit 80 anderen Personen in einem Seminarraum wieder. Die Teilnehmer saßen in kleinen Gruppen um Tische herum. An meinem Tisch begrüßte mich der Gruppenleiter freundlich, er schob mir meine Unterlagen zu und bat mich, mich in der Runde vorzustellen. Die Nachricht, dass ein Deutscher am Tisch saß, löste eine gewisse Aufregung aus – meine anderen Gruppenmitglieder schienen das spannend zu finden.

Kurz darauf legte John Ortberg los und schon nach wenigen Minuten hörte ich fasziniert zu! Dieser Mann war ein begnadeter Kommunikator – aber was mich viel mehr beeindruckte, war das, was er über Jüngerschaft sagte. Er sprach über Nachfolge auf eine ganz praktische Weise, mit viel Humor, Lebensweisheit und hilfreichen Anregungen. Als der Vortrag zu Ende war, wurde das Thema in der Kleingruppe am Tisch weitergeführt. Ich weiß bis heute noch, wie verblüfft ich war, als der Leiter am Tisch fragte: „Und, Jörg, wie läuft es bei dir im Alltag mit Jesus?“ Da saß ich nun, mit wildfremden Menschen um einen Tisch, und wir redeten darüber, wie es uns gelingt, unseren Alltag ganz konkret mit Jesus zu leben. Wir sprachen über Schwierigkeiten, Stolpersteine und mögliche Lösungsansätze. Und zwischendrin dachte ich immer wieder: *Warum machen wir das eigentlich nicht in Deutschland?*

Nach dieser Erfahrung war für mich eines klar: Diesen Kurs musste ich mit nach Hause nehmen! Zunächst dachte ich nur an mich selbst und meine Gemeinde. Aber rasch wurde mir bewusst, dass das zu klein gedacht war. Diese Gedanken sollten viel mehr Menschen helfen ...

An diesem Morgen „packte“ mich das Konzept der geistlichen Übungen. Und an diesem Morgen begann ich auch eine geistliche Reise, auf der ich mich immer noch befinde.

Autoren wie Dallas Willard, Gordon MacDonald und Richard Foster, aber auch Jean-Pierre de Caussade oder Frank Laubach haben mich immer tiefer in die Frage hineingeführt: Wie kann es uns gelingen, in unserem Leben stets in Verbindung mit Jesus zu leben? Die Übungen, die ich bei John Ortberg gelernt habe, öffneten mir die Tür zu einem völlig neuen Raum. Und ich bin immer noch dabei, diesen Raum zu entdecken.

Heute, sieben Jahre später, ist das Material längst in Deutschland eingeführt. Tausende von Menschen haben „Abenteuer Alltag“ in ihrer Gemeinde erlebt und die praktischen Anregungen, den Humor und die biblischen Einsichten nachvollzogen. Dass wir nun dieses Material zu einer Gesamtgemeinde-Erfahrung umarbeiten können, erfüllt mich mit einer tiefen Begeisterung.

Ich hoffe, dass die Menschen mit Hilfe dieses Werkzeuges in ihrer persönlichen Beziehung zu Jesus weiterkommen. Und ich wünsche mir, dass Gott ihnen bei dem täglichen Lesepensum, bei den Kleingruppengesprächen und Gottesdiensten, genauso begegnet wie mir damals. Und dass die konkreten Hilfen ihnen in ihrer geistlichen Entwicklung ebenso weiterhelfen, wie es bei mir der Fall war.

Gießen, Februar 2007

Jörg Ahlbrecht
Willow Creek Deutschland

Einführung
Das Gefühl der Enttäuschung

Waren Sie auch schon einmal von sich selbst enttäuscht? Enttäuscht darüber, dass Sie so wenig von Ihrem Glauben wirklich in konkretes Handeln umsetzen? Enttäuscht darüber, dass von der Kraft und Dynamik des Glaubens häufig so wenig zu spüren ist? Dass Sie immer wieder mit den gleichen Sünden vor Gottes Thron treten und Ihr Innerstes sich so wenig verändert?

Ich zumindest kenne dieses Gefühl nur zu gut: Wenn ich mit mir hadere, weil ich wieder einmal versagt habe. Wenn ich mich nach Erneuerung sehne und mich doch der alte Adam angrinst! Dann bin ich enttäuscht von mir, und ich vermute, dass jeder von uns schon irgendwann einmal an diesem Ort der Enttäuschung gewesen ist.

Wenn Paulus schreibt: „Das Gute, das ich tun will, tue ich nicht, und das Böse, das ich nicht tun will, tue ich stattdessen“, dann finden wir uns darin oft wieder. Und manch einer von uns lebt mit der stillen Überzeugung, dass Paulus sich nur deshalb als größten aller Sünder bezeichnen konnte, weil er uns noch nicht kannte!

Aber es ist derselbe Paulus, der im 1. Korintherbrief das Evangelium als eine *dynamis*, eine Kraft, nahezu reines Dynamit bezeichnet (1. Korinther 1,18)! Doch für viele Christen scheint diese Kraft eher der eines nass gewordenen Silvesterknallers zu entsprechen – er zischt ein bisschen, aber sonst passiert nichts.

Ein Mitglied einer Gemeinde, die ich gut kenne, war pensionierter Polizist, der von einigen nur „der Bulle“ genannt wurde. Nach allem, was man sich erzählte, war er Zeit seines Lebens ein schwieriger Zeitgenosse. Er schimpfte oft herum, seine Kritik war gefürchtet, und er war für seine unsensible Art bekannt. Dieser Mann hatte beispielsweise nichts Besseres zu tun, als über den Gemeindeparkplatz zu pilgern und nachzusehen, an wessen Wagen der TÜV abgelaufen war!

Adrian Plass würde sagen: „Er war wohl die Art von Mensch, bei dem man gerne mal einen Stein nehmen und ‚Ich vergebe dir!‘ in die Motorhaube seines Wagens kratzen würde.“ Dabei war er allerdings so korrekt auf die Einhaltung des Gesetzes bedacht, dass er sich, als er versehentlich einmal in einer Ortschaft 10 Stundenkilometer zu schnell fuhr, selbst anzeigte und damit eine anstehende Beförderung aufs Spiel setzte.

Er war bereits als junger Mann verurteilend und kritiksüchtig, und daran änderte sich auch nichts, als er älter wurde. Doch in der Gemeinde, in die er ging, erwartete auch niemand, dass er sich änderte! Er arbeitete dort mit. Er zahlte seinen Gemeindebeitrag. Er erschien zu den Gottesdiensten. Das reichte offensichtlich aus. Niemand erwartete, dass dieser Mensch von Gottes Liebe verändert und dass er in einem kontinuierlichen Verwandlungsprozess stehen würde, der ihn im Laufe seines Lebens immer liebevoller, fröhlicher, friedlicher, geduldiger, freundlicher, gütiger, treuer, sanfter, selbstbeherrschter (vgl. Galater 5,22) machen würde.

Als dieser Mann starb, war er über 50 Jahre Mitglied der Gemeinde gewesen. Aus einem jungen Nörgler war ein alter Nörgler geworden, aber das schien niemanden zu überraschen!

Denken Sie einmal an Ihre Gemeinde. Würden Sie sagen, dass Ihre Gemeinde liebevollere Menschen hervorbringt? Verändern sich die Menschen, die in Ihre Gemeinde gehen? Werden aus gottfernen, schwierigen, jähzornigen, lieblosen, untreuen, unmoralischen Individuen Gott hingegebene, engagierte, treue, liebevolle, zuverlässige, stabile Mitarbeiter? Schön wär's! Aber erwarten wir eine solche Entwicklung überhaupt?

Einer der Sätze, die ich in meiner Zeit als Pastor einer Ortsgemeinde häufig zu hören bekam, lautete: „Der war schon immer so, den wirst du nicht mehr ändern!"

Und oft wollte ich den Betreffenden ja auch gar nicht ändern! Aber niemand schien überhaupt die Möglichkeit in Betracht zu ziehen, dass das Evangelium diesen Menschen verändern konnte und dass Gottes Geist ihn verwandeln würde.

Aber wenn es um mangelnde Veränderung geht, dann brauche ich eigentlich gar nicht nur über andere nachzudenken. Es reicht schon, gedanklich bei mir selbst zu bleiben. In welcher Weise vollzieht sich in meinem Leben Veränderung? Erfahre ich, dass Gottes Kraft mehr und mehr durch mich hindurchfließt und mein Leben stabiler und reicher macht? Schöpfe ich täglich aus der Gnade Gottes und werde dadurch immer froher, immer zuversichtlicher, immer mehr vom göttlichen Frieden erfüllt?

Oder reden wir alle nur von geistlicher Veränderung, erleben sie aber im Grunde gar nicht?

Die biblische Sichtweise

In der Bibel wird kein Zweifel daran gelassen, dass Menschen, die Jesus nachfolgen, sich verändern sollen und dies auch wirklich tun! Und bei dieser Veränderung geht es nicht darum, dass wir seltsamer werden, auch wenn es das durchaus in unseren Gemeinden gibt, und zwar gar nicht so selten. Aber das war nicht die Absicht dessen, der uns erschaffen hat. In der Bibel wird eine andere Art der Verwandlung beschrieben.

Paulus schreibt im 8. Kapitel seines Briefes an die Gemeinde in Rom:

„Wen Gott nämlich auserwählt hat, der ist nach seinem Willen auch dazu bestimmt, *seinem Sohn ähnlich zu werden,* dem ersten unter vielen Brüdern" (Römer 8,29; Hfa; Hervorhebung d. Autors).

Es ist also unsere Bestimmung, dass wir uns verändern - und zwar indem wir Jesus Christus immer ähnlicher werden! Wir sollen im Laufe unseres Lebens als Christen immer weiter transformiert werden, sodass Jesus immer mehr Einfluss auf unser Denken, unser Reden, unser Handeln gewinnt.

Das Ziel dieses Verwandlungsprozesses beschreibt der 1. Johannesbrief:

„Meine lieben Freunde, wir sind schon jetzt die Kinder Gottes, und wie wir sein werden, wenn Christus wiederkommt, das können wir uns nicht einmal vorstellen. Aber wir wissen, dass wir bei seiner Wiederkehr sein werden wie er, denn wir werden ihn sehen, wie er wirklich ist" (1. Johannes 3,2; NL)

Gleichgültig, ob wir davon reden, dass Christus in uns „Gestalt annimmt" oder dass sich in unserem Leben die „Früchte des Geistes" zeigen, von denen in anderen Bibelstellen die Rede ist - in der Bibel wird auf jeden Fall davon ausgegangen, dass wir uns bei unserer Entscheidung für Christus in einen Prozess begeben, in dessen Verlauf wir ihm immer ähnlicher werden!

Wie vollzieht sich diese Verwandlung?

Einer der größten geistlichen Irrtümer unserer Zeit ist, dass Information allein ausreicht, um geistlich gesunde Menschen hervorzubringen. Wir predigen, wir schulen, wir überschütten die Menschen mit Informationen über die Bibel, über Gott, Jesus, den Glauben und die Gemeinde - all das in der Erwartung, dass dieses vermittelte Wissen dazu führt, dass sich Leben verändern.

Jahrelang habe ich Sonntag für Sonntag auf der Kanzel mein Bestes gegeben. Ich habe mir schier die Seele aus dem Leib gepredigt, immer in der Hoffnung, dass dies der Entwicklung der Gemeindemitglieder dient! Aber leider brachten all diese Versuche weitaus weniger zustande, als ich erwartet hatte, denn die Annahme, dass *Information über den Glauben* allein Menschen auch tatsächlich verändern würde, war ein Irrtum.

Menschen können 30 oder 40 Jahre lang jeden Sonntag zum Gottesdienst und jeden Mittwoch in die Bibelstunde kommen, ohne dass sich ihr Leben auch nur einen Deut verändert.

Ich kann die Gute Nachricht über Jahrzehnte hören, ich kann sie sogar selbst lehren - und werde doch nicht verändert! Information allein bringt keine geistliche Veränderung hervor. Wissen allein schafft noch kein neues Sein! Hierzu bedarf es mehr.

Oft ist es doch so: Wir hören eine gute Predigt und haben das Gefühl, Gottes Geist tippe uns auf die Schulter und sage: „Du solltest dringend etwas gegen deinen Jähzorn tun." Wir stimmen innerlich zu und beschließen, etwas gegen dieses Problem zu unternehmen. Am Sonntagabend wissen wir noch, dass wir etwas gegen unseren Jähzorn tun wollten, und beschließen, dass wir darüber nachdenken müssen, wie wir das denn anstellen könnten. Am Dienstag sind wir uns noch bewusst: „Gott hatte mich in dieser Predigt wirklich angesprochen. Ich wollte mir doch Gedanken machen ... Über was noch mal?!" Am Donnerstag wissen wir lediglich: „Es war eine gute Predigt."

Und am Sonntag hören wir dann eine neue Predigt.

C. S. Lewis hat einmal gesagt, dass wir alle zu kleinen Christussen werden müssen. Aber dies geschieht nicht allein durch die Vermittlung von Information.

Jesus gab deshalb auch niemals eine Information um der Information willen weiter. Ihm ging es immer auch darum, dass das, was er sagte, praktische Auswirkungen auf das Leben seiner Zuhörer hatte. Können Sie sich vorstellen, dass jemand am Ende der Bergpredigt auf Jesus zugeht, ihm die Hand drückt und sagt: „Rabbi, [tiefer Seufzer] das war heute Morgen aber eine schöne Predigt!" Und dann geht er weg, und das war's? Jemand hört eine Predigt von Jesus und nichts passiert? Alles läuft einfach so weiter wie bisher? Können wir uns das wirklich vorstellen?

Wann immer Jesus mit Menschen sprach, forderte er sie zu einer Veränderung heraus. Er stellte sie vor eine Entscheidung, lud sie zu einem neuen Leben ein und erwartete, dass sie nicht nur Informationen aufnahmen, sondern sich formen, herausrufen und verändern ließen.

Sonntag für Sonntag habe ich Sätze gehört wie: „Vielen Dank fürs gute Wort!", „Nette Predigt, Pastor!" oder: „Wussten Sie, dass unsere Deckenkonstruktion in 64 Quadrate aufgeteilt ist?" Irgendwie schwang dabei immer wieder das Gefühl mit: „Also, das heute Morgen, das war nichts."

Jesus ging es nicht um Information, sondern um Formation. Oder um es genauer zu sagen: um Transformation. Und daran hat sich bis heute nichts geändert. Wir müssen den Menschen helfen, nicht nur Informationen aufzunehmen, sondern Veränderungsprozesse in Gang zu setzen.

Dieser Veränderungsprozess muss zunächst einmal bei dem beginnen, der die Gute Nachricht weitergibt. Immer wieder begegnen mir nämlich Menschen, die vehement Veränderung von anderen Mitgliedern der Gemeinde fordern, die aber selbst wenig Bereitschaft zeigen, sich verändern zu lassen. Aber so wird es niemals funktionieren. Veränderung muss immer bei uns selbst beginnen.

Oder, um es mit den Worten von John Ortberg zu sagen: „Ist das Leben, das ich von anderen erwarte, das Leben, das ich selber führe? Trinke ich die Limonade selbst, die ich verkaufe? Lasse ich mich von Gott verändern, gehe ich selbst in diesem Prozess voran? Oder erwarte ich nur von anderen, dass sie liebevoller, freundlicher, geduldiger, gütiger, treuer, sanftmütiger und disziplinierter werden?“

Es beginnt mit mir. Es beginnt mit dem Leiter.

Was soll verändert werden?

Doch wenn wir über das Thema „Veränderung“ nachdenken, stoßen wir schon bald auf ein Problem: Was sollen wir denn nun konkret verändern? Viele Menschen haben ihr Leben wie eine Torte in unterschiedliche „Stücke“ aufgeteilt. Da gibt es den Bereich „Arbeit“ – für viele ein großes Tortenstück. Auch die Bereiche „Familie“, „Hobbys“ bzw. „Sport“ und „Beziehungen/Freunde“ machen große Teile des Kuchens aus.

Und dann gibt es da auch noch den Bereich „Geistliches Leben“.

Wenn wir nun hören, dass wir als Christen geistlich wachsen sollen, dann bekommen wir ein Problem. Wir verstehen diese Aufforderung nämlich so, dass das Tortenstück „Geistliches Leben“ größer werden sollte. Dummerweise ändert sich aber nichts am eigentlichen „Kuchen“ meines Lebens, also geht die Vergrößerung des Bereiches „Geistliches Leben“ unweigerlich zu Lasten der anderen Kuchenstücke. Wo aber spare ich etwas ein? In der Familie? Nein, das wäre nicht gut! Im Bereich der Beziehungen? Oftmals haben wir sowieso schon kaum noch Zeit für Beziehungen. Bei der Arbeit? Wenn ich meinem Chef erzähle, dass ich jetzt morgens immer eine Stunde später komme, weil ich mein geistliches Leben aufbaue, wird das vermutlich auf wenig Gegenliebe stoßen!

Was Jesus uns in Wirklichkeit anbietet, ist dagegen etwas grundlegend anderes. Es geht nicht darum, den geistlichen Bereich unseres Lebens zu verändern. Es geht darum, alle Bereiche unseres Lebens so umzugestalten, dass sie von Christus durchdrungen werden. Christus will von der Mitte unseres Lebens heraus in alle Bereiche hineinreichen und sie durchdringen. Der Abwasch und das Hinaustragen des Mülls sind dabei ebenso gemeint wie Kindererziehung und Keller aufräumen, wie das Verfassen der Predigt und das Bibellesen.

Gott ist nicht an dem interessiert, was ich mein „geistliches Leben“ nenne, sondern er interessiert sich für mein gesamtes Leben. Nachfolge hat nicht nur mit Teilbereichen meines Lebens zu tun, sondern sie umfasst mich als Mensch ganz.

Wie vollzieht sich die Veränderung?

In den vergangenen 2.000 Jahren haben sogenannte geistliche Übungen („Stille“, „Fasten“, „Einsamkeit“, „Bibelstudium“, „Feiern“, „Dienen“ und viele andere mehr) vielerorts eine große Rolle gespielt, sind aber gerade im evangelischen Lager in den letzten Jahrzehnten eher in Vergessenheit geraten. Solche

Übungen können uns in unserem Veränderungsprozess jedoch sehr gut unterstützen.

Ich möchte dies an einem Beispiel illustrieren. Stellen Sie sich vor, ich würde zu Ihnen sagen: „Ich habe hier denselben Tennisschläger, den Boris Becker benutzt. Hier ist dieselbe Hose, die er trägt – na ja, es ist zumindest dasselbe Modell –, hier sind dieselben Schuhe. Und hier noch ein Video, das Boris Becker beim Spielen zeigt. Bitte schauen Sie sich das Video komplett und aufmerksam an. Studieren Sie seine Art zu spielen. Und dann nehmen Sie seine Ausrüstung, gehen Sie los und gewinnen Sie Wimbledon!"

Was würden Sie zu einem solchen Vorschlag sagen? Ich vermute, Ihre Begeisterung hielte sich ziemlich in Grenzen, oder? Es liegt natürlich auf der Hand, dass die Ausrüstung von Boris Becker und das Wissen darüber, wie er spielt, keine Auswirkungen darauf haben, ob jemand Wimbledon gewinnt oder nicht.

Wenn Sie wirklich Wimbledon gewinnen wollen, dann müssen Sie Ihr gesamtes Leben zu einem sehr frühen Zeitpunkt auf dieses eine Ziel ausrichten. Jeder wache Augenblick wird sich diesem Ziel unterordnen müssen. Und Sie werden Ihr Leben mit Übungen und Training füllen müssen, die alle nur diesem einen Ziel dienen – Wimbledon. Sie werden Ihre Ernährung umstellen, Ihre Zeiteinteilung, Ihre Schlafgewohnheiten, einfach alles.

Und wenn Sie das über viele Jahre tun und dann noch Talent mitbringen und hart arbeiten, dann, und nur dann, haben Sie vielleicht eine Chance, einmal auf dem Centrecourt in Wimbledon zu stehen. Aber ohne langjähriges Training, ohne regelmäßige Übungen werden Sie es nicht einmal bis zum Sportplatz um die Ecke schaffen!

Warum berücksichtigen wir diese Tatsache in der Nachfolge Jesu so wenig? Wir sagen den Menschen: „Schaut euch Jesus an, wenn er den Menschen vergibt, wenn er heilt, wenn er Gottes Vollmacht demonstriert." Im Grunde teilen wir den Menschen mit: „Hier ist die Bibel, lies nach – und nun los. Mach's nach – gewinn Wimbledon."

Wir vergessen dabei aber, dass das gesamte Leben Jesu einem Ziel diente. Dass alles in seinem Leben auf dieses Ziel ausgerichtet war. Und dass er ein verborgenes Leben führte, das ihn in die Lage versetzte, das zu tun, was er tat.

Und dieses verborgene Leben ist das Geheimnis, ist der Schlüssel zu all der Vollmacht, die sich in seinem Leben zeigte.

Jesus hat sich dreißig Jahre auf seinen Dienst vorbereitet. Dreißig Jahre! Und während der drei Jahre seines Wirkens gab es bestimmte Übungen, um die herum er sein Leben organisierte. Er zog sich regelmäßig in die Stille und die Einsamkeit zurück und verbrachte Zeit mit dem Vater. Er besuchte regelmäßig die religiösen Veranstaltungen. Er fastete, er diente den Menschen.

Es waren diese Übungen, die ihn und auch andere, von denen wir im Neuen Testament lesen, erst in die Lage versetzten, ihren Dienst über lange Zeit aufrechtzuhalten.

Wenn wir uns beispielsweise Paulus oder Petrus anschauen, werden wir feststellen, dass es auch in ihrem Leben immer wieder Zeiten des Rückzugs in die Stille, Zeiten des Fastens und Zeiten der Gemeinschaft gab. Auch ihr Leben hatte diese verborgene Seite.

Wer regelmäßig fastet, übt Verzicht. Wer regelmäßig spendet, trainiert das Geben und hält sich vor Augen, dass nichts wirklich ihm gehört. Wer regelmäßig zum Gottesdienst geht, macht deutlich: „Ich allein kann nichts bewirken, ich brauche die Gemeinschaft." Wer regelmäßig in die Stille geht, trainiert das Bewusstsein, dass er nicht erschaffen wurde, um für Gott zu „arbeiten", sondern bei ihm zu sein!

Aber wie oft vergessen wir das? Jesus fastete, er ging in die Stille und bemühte sich immer wieder darum, sein Innerstes in Einklang mit dem Vater zu bringen – täglich! Er praktizierte diese Übungen, weil sie ihn formten.

Und dasselbe gilt auch für uns: Wenn wir uns nach Veränderung sehnen, müssen wir lernen, bestimmte Dinge einzuüben! Wenn wir bestimmte Übungen in unser Leben integrieren, wird uns dies dabei helfen, uns weiterzuentwickeln.

Wenn wir heute Menschen in die Nachfolge rufen, dann geht es dabei weniger darum, so zu leben wie Jesus, als er auf der Bühne des Lebens stand und das Scheinwerferlicht auf ihn gerichtet war. Es geht darum, den Menschen zu helfen, das verborgene Leben Jesu zu entdecken und seinem Beispiel zunächst einmal in diesem Bereich zu folgen, um unseren Körper und unseren Geist an geistliche Übungen zu gewöhnen.

In den vergangenen Jahrzehnten wurde in der evangelischen Theologie so intensiv die Gnade Gottes betont, dass alles, was auf menschlicher Seite zu tun war, immer sofort unter den Generalverdacht der Werkgerechtigkeit geriet. Verstehen Sie mich nicht falsch: Ich will bei diesem Ansatz nicht die Gnade Gottes schmälern. Eher das Gegenteil ist der Fall. Durch keine dieser Übungen verdienen wir uns auch nur einen Bruchteil der Ewigkeit.

Es geht darum, den Menschen dabei zu helfen, das Leben in der Gnade einzuüben. Es geht um die Werkzeuge, die mir dabei helfen, die Verwandlung, die Gott für mich geplant hat, ganz gezielt zu verfolgen.

Aufgabenteilung

Vielleicht haben einige von Ihnen Bauchschmerzen, wenn Sie dies lesen, weil Sie sich fragen, ob man sich damit nicht doch selbst die neue Wirklichkeit schafft und ob es dabei nicht doch um Werkgerechtigkeit geht. Wo bleibt denn da das Wirken von Gottes Heiligem Geist?

Warum denken wir eigentlich, dass Gottes Geist immer ohne unser Zutun handelt? Woher stammt die Auffassung, dass wir die Hände in den Schoß legen müssen, wenn wir Gottes Geist Raum geben wollen? Wenn wir früher in meiner

Gemeinde über Strategien nachdachten, die die Menschen in ihrer geistlichen Entwicklung unterstützen sollten, wandten sich Leute mit dem Hinweis dagegen: „Wir sollten es dem Geist Gottes überlassen", als könne der Geist Gottes nur wirken, wenn wir aufhören, uns anzustrengen.

Wer ist aber denn nun für geistliches Wachstum verantwortlich?

Auf diese Frage gibt es erfahrungsgemäß drei unterschiedliche Antworten, denen jeweils eine andere Sichtweise zugrunde liegt, die ich mit drei verschiedenen Bildern aus dem Wassersport illustrieren möchte: Es gibt die Paddler, die Rettungsinsel-Passagiere und die Segler!

Die erste Gruppe ist die der *Paddler*. Für diese Menschen sind die Nachfolge und das geistliche Leben eine lebenslange Kanutour: „Du musst paddeln, um voranzukommen." Diese Menschen nehmen die Nachfolge Jesu sehr ernst. Sie befolgen Regeln, sie unterwerfen sich Gesetzen und achten akribisch auf deren Einhaltung – und so paddeln sie langsam in Richtung Himmel! Auch wenn es gegen die Strömung geht, geben sie nicht auf, denn das Ziel heißt Ewigkeit. Sie paddeln und paddeln und paddeln, immer von dem Bewusstsein getrieben: „Nur nicht aufhören, sonst wirst du abgetrieben. Du musst weiterpaddeln – du musst alles tun, damit du im Himmel ankommst."

Die zweite Gruppe dagegen paddelt gar nicht. Für sie ist die Nachfolge so etwas wie eine *Rettungsinsel*: Man wirft sie ins Wasser, sie bläst sich auf, man springt hinein – und mehr gibt's nicht zu tun! „Du wirst gerettet – alles ist Gnade! Du kannst nichts tun, Gott hat alles schon getan! Lass dich retten – und fühl dich wohl!"

Beide Gruppen habe gute Gründe, das zu glauben, was sie glauben – die Wahrheit ist aber meiner Meinung nach bei Gruppe 3 zu finden: den *Seglern*! Ihr Einsatz illustriert für mich am besten, wer letztlich für geistliches Wachstum verantwortlich ist.

Auch die Laien unter uns wissen: Man kann ein Segelboot nicht ohne Wind segeln und den Wind kann man nicht selbst „produzieren". Mein Vater hat früher Segelboote gebaut, und so kamen wir als Familie in den Genuss, die Vorführjacht relativ frei nutzen zu können. Daher sind wir oft am Edersee segeln gewesen, aber wenn kein Wind war – und das passierte am Edersee schon mal –, dann nützte uns das schöne Boot gar nichts.

Wenn kein Wind weht, kann man nicht segeln! Als ich klein war, habe ich oft versucht, zu pusten, aber es hat nicht geholfen! Ich habe damals ernsthaft darüber nachgedacht, einen Fön zu benutzen, aber auch diesem Versuch wäre kein Erfolg beschieden gewesen, denn den Wind können wir nicht machen. Und die gute Nachricht ist: Wir müssen ihn auch gar nicht machen.

Geistliche Veränderung geschieht nie ohne den Geist Gottes und den können wir nicht kontrollieren. Wir können ihn nicht produzieren. Er entzieht sich unserem Zugriff. Der Geist weht eben, wo er will.

Den Wind kann ich nicht machen und ich muss ihn nicht machen. Der Wind ist einfach da! Und so gab es damals auch Tage, an denen der Wind wehte. Doch dies bedeutete für uns nie: „Wow, es ist Wind, wir können segeln, wir brauchen nichts zu tun!“ Unsere Aufgabe bestand nun darin, die Segel zu setzen, die Fog hochzuziehen, den Spinnacker rauszukurbeln, und vieles andere mehr. Wir mussten den Wind lesen und das Boot so positionieren, dass es dem Wind optimale Angriffsfläche bot. All das eben, was Segeln zum Sport macht.

Entsprechend helfen uns geistliche Übungen auch nicht dabei, den Wind wehen zu lassen. Sie versetzen uns lediglich in die Lage, die Segel zu setzen, damit Gottes Geist eine möglichst große „Angriffsfläche“ findet, um uns in Bewegung zu setzen.

Die nächsten Wochen sollen Ihnen helfen, durch ganz konkrete Übungen geistlich die Segel zu setzen. Ich bete, dass Gott Ihnen in diesen Wochen auf seine Weise begegnet, und wünsche Ihnen von Herzen: Leinen los!

1. WOCHE

Leben im Namen Jesu

Ihre Gedanken

Ihre Gedanken

Tag 1
Beginnen Sie den Tag mit Freude

Vers des Tages: *Psalm 118,24*

Die Tage unseres Lebens kommen und gehen mit schöner Regelmäßigkeit. Allzu oft vergessen wir dabei nur, dass jeder Tag ein Geschenk ist. Ein anvertrautes Gut, mit dem wir „haushalten" dürfen. Gott vertraut uns unsere Lebenszeit an, und er möchte, dass wir jeden Tag mit der Freude am Leben beginnen. Halten Sie doch einmal einen Moment inne und fragen Sie sich: „Worüber kann ich mich heute freuen? Wofür kann ich heute dankbar sein?"

Wir erkennen leider oftmals erst dann, wie kostbar das Leben ist, wenn unser Leben beeinträchtigt wird. Eine Krankheit wirft uns aus der Bahn und wir liegen im Krankenhaus. Der Verlust eines lieben Menschen macht uns bewusst, wie wertvoll die Zeit mit ihm war. Ein Schicksalsschlag lässt uns begreifen, wie wunderbar normal unser Leben bislang verlief.

Bis zu diesem Zeitpunkt war uns gar nicht bewusst, wie gut es uns ging und dass wir allen Grund hatten, dankbar unser Leben zu genießen und uns daran zu erfreuen. Wir stehen immer in der Gefahr, die Zeit der Fülle zu verpassen. Vielleicht werden wir in 20 Jahren von diesem Jahr als von den „guten alten Zeiten" reden und denken – aber heute ist es uns nicht bewusst.

Warum muss es eigentlich immer erst so weit kommen, dass wir äußere Ereignisse brauchen, um zu begreifen, wie wunderbar unser Leben ist? Die Bibel erinnert uns heute daran, dass jeder Tag ein Geschenk Gottes und ein Grund zur Freude ist. Wir dürfen leben! Unser Schöpfer schenkt uns Lebenszeit. Er stattet uns mit einem wunderbaren Vorrat an Freude und Fülle aus. Und wir dürfen diese Zeit gestalten, wir dürfen sie genießen und mit anderen teilen, was uns wichtig ist!

Zum Nachdenken

Was hindert mich heute daran, mich an diesem Tag zu freuen? Wofür kann ich heute dankbar sein und über welche Dinge kann ich mich heute ganz konkret freuen?

Ihre Gedanken

Ihre Gedanken

Tag 2
Beginnen Sie den Tag in dem Bewusstsein, dass Gottes Güte jeden Morgen neu ist

Verse des Tages: *Klagelieder 3,22–23*

„Der ist heute mit dem falschen Bein aufgestanden“, sagt man von jemandem, der gereizt oder genervt ist. Hinter dieser Aussage verbirgt sich die Überzeugung, dass der Start in den Tag häufig bestimmend ist für dessen Verlauf.

Wie sind Sie wach geworden? Woran mussten Sie als Erstes denken? Haben Sie den Tag mit Sorgen begonnen oder gehetzt? Standen Sie unter Druck? Oder war der Start eher angenehm? Sind Sie mit guten Gedanken aufgewacht und haben Sie den neuen Tag fröhlich begonnen?

In der Bibel heißt es, dass Gottes Güte jeden Morgen neu ist, und damit gibt sie uns den ersten guten Gedanken des Tages. Egal, wie Sie geschlafen haben, egal, welche Sorgen oder Ängste Sie bedrücken: Beginnen Sie den Tag in dem Bewusstsein, dass Gottes Güte frisch und unverbraucht auf Sie wartet. Er ist da und seine Liebe hört nicht auf. Sie ist täglich neu verfügbar. Sie nutzt sich nicht ab oder wird schal und abgestanden. Gottes Liebe steht jeden Morgen frisch und neu für Sie zur Verfügung.

Zum Nachdenken

Wie kann ich mich selbst morgens an diesen Zuspruch erinnern? Hilft mir ein Symbol auf dem Nachttisch? Ein Zettel, den ich an den Badezimmerspiegel hefte? Inwiefern würde die Freude über Gottes Güte die Art und Weise verändern, wie ich meinen Tag beginne?

Ihre Gedanken

Ihre Gedanken

Tag 3

Gehen Sie mit der Zusage Jesu durch den Tag, dass er bei Ihnen ist

Vers des Tages: *Matthäus 28,20*

Elf einfache Männer - Fischer, Handwerker, ein ehemaliger Zöllner - erhielten den Auftrag, mit einer guten Nachricht die ganze Welt zu erreichen. Männer ohne Schulbildung, ohne finanzielle Mittel, ohne Strategie. Und auch ihr Glaube selbst stand auf ausgesprochen wackligen Beinen. Matthäus hielt in seinem Evangelium eindrücklich fest, dass einige der Jünger, die da vor Jesus auf den Boden sanken, es einfach nicht glauben konnten. Zu tief saß der Zweifel in ihrem Herzen.

Mit dieser Gurkentruppe war nun wirklich kein Blumentopf zu gewinnen. Wie sollte diese kleine Gruppe jemals etwas bewegen? Es war unmöglich, vor allem, da sie gegen das mächtige Römische Reich mit all seinen Soldaten, seiner Macht und seinem Reichtum antraten!

Diese Männer hatten wirklich keine Chance. Aber Jesus sandte genau sie und heute werden Kinder nach ihnen benannt. Sie heißen Peter oder Johannes, Maria oder Paul. Unsere Hunde dagegen nennen wir Cäsar oder Nero ...

Das einzige Kapital, das diese Gurkentruppe aufzuweisen hatte, war die Zusage Jesu: „Ich werde mit euch sein. Ich werde euch nicht allein lassen."

Wenn wir von Jesus in seine Mission einbezogen werden, wird es Probleme geben. Da werden Schwierigkeiten zu überstehen sein, da wird es vielleicht Kampf und Tränen geben. Aber auch uns gilt: „Ich bin immer bei euch, jeden Tag, bis zum Ende der Welt." Wenn wir seinem Auftrag folgen, erleben auch wir, dass er tatsächlich bei uns ist. Wenn wir uns für die Verwirklichung seiner Ziele einsetzen, weicht er nicht von unserer Seite.

Ob unsere Bemühungen stehen oder fallen, hängt nicht von unseren menschlichen Anstrengungen ab, sondern einzig und allein an der Zusage Jesu: „Ich werde mit euch sein." Immer wieder war es diese Zusage Gottes, die Menschen zu außergewöhnlichen Taten inspiriert hat.

Zum Nachdenken

In welchen Bereichen meines Lebens freue ich mich über das Versprechen Jesu, bei mir zu sein? Gibt es auch Bereiche, in denen mir die Nähe Jesu unangenehm ist? Welchen Bereich möchte Gott heute durchdringen?

Ihre Gedanken

Tag 4

Richten Sie Ihren Blick jeden Tag auf Jesus

Vers des Tages: *Kolosser 3,17*

Die Verlockung war groß. Er war zum ersten Mal im Ausland. Weit weg von zu Hause, mitten auf einem italienischen Bahnhof. Ein Gedanke ließ ihn nicht mehr los: „Hier kennt mich niemand! Hier könnte ich mal so richtig auf den Putz hauen. Ich könnte mich mal so richtig daneben benehmen, und niemand würde etwas davon mitkriegen ...!"

Plötzlich ertönte hinter ihm eine Stimme: „Hallo, Gerhard, was machst du denn hier?" Mitten im Gewühl auf diesem italienischen Bahnhof stand plötzlich sein Latein-Lehrer hinter ihm. Man kann sich eben nie ganz sicher sein ...

Wer sind Sie, wenn Sie allein mitten auf einem italienischen Bahnhof stehen? Wenn niemand hinsieht? In solchen Momenten offenbart sich, wer wir wirklich sind, nach welchen Werten wir wirklich leben, was unser Denken und Handeln wirklich bestimmt.

Paulus fordert uns heute dazu auf, unser Denken und Handeln von Jesus formen zu lassen, und zwar nicht nur, wenn wir im Scheinwerferlicht auf der Bühne stehen, sondern immer. Auch dann, wenn niemand hinsieht – denn Gott sieht hin. Auch dann, wenn wir allein auf einem italienischen Bahnhof stehen. „Alles, was ihr tut und was ihr sagt, soll zu erkennen geben, dass ihr Jesus, dem Herrn, gehört", schreibt Paulus im Brief an die Kolosser. Jesus ist der Herr unseres Lebens. Die Zeit, die er uns hier auf dieser Erde gibt, ist nur eine Leihgabe, und das gilt auch für alles, was wir sind und tun. Deshalb soll unser Reden und Handeln andere Menschen immer auf diesen Herrn hinweisen.

Zum Nachdenken

Welcher Bereich meines Lebens spiegelt am besten wider,
dass mein Leben Jesus gehört?
Welcher Bereich spiegelt diese Tatsache am wenigsten wider?

Ihre Gedanken

Ihre Gedanken

Kennen wir sie nicht alle?
Jede*r von uns aber zumindest
einen – diese echten Weltmeister,
die es schaffen, Konflikte zu ver-
schleppen.

Tag 5

Klären Sie Konflikte bis zum Ende des Tages

Verse des Tages: *Epheser 4,26–27*

Ich bin ein echter Weltmeister darin, Konflikte zu verschleppen. Eisiges Schweigen, beleidigter Rückzug, still vor mich hinschimpfen – ja, das kann ich gut! Aber ein Problem offen ansprechen, einen Schmerz konkret benennen, das direkte Gespräch mit einem Menschen suchen und mich liebevoll um Klärung bemühen … Hilfe, wie soll das gehen?

Wenn ich mich nicht um die Klärung eines Konflikts bemühe, kann ich daran festhalten, dass der andere schuld ist! Ich kann mir immer wieder vor Augen führen, dass ich ja die unschuldige Partei bin, und meinen Rachegelüsten freien Lauf lassen. Man befindet sich in einer machtvollen Position, wenn man das Opfer ist und dem anderen seine Schuld vorhalten kann, und das gibt man nicht gerne auf.

Paulus ermahnt uns in den heutigen Tagesversen, einen Konflikt sobald wie möglich zu klären, denn ungeklärte Konflikte geben dem Teufel Raum. Sie sind das Einfallstor für lieblose Gedanken, für Rachegelüste und Unversöhnlichkeit – und damit immer für eine Trennung von Gott, der ein Gott der Versöhnung ist! Auch, wenn mir das nicht bewusst ist – meine Unversöhnlichkeit schneidet mich von Gott ab, denn er ist Versöhnung. Und wo ich der Unversöhnlichkeit Raum gebe, drifte ich weg von Gott. Wer die Bitterkeit in sich nährt, verhält sich wie jemand, der Gift trinkt und darauf wartet, dass der andere stirbt!

Darum sagt Paulus: „Was immer du tun kannst, um einen Konflikt anzugehen – das tue. Und das tue sobald wie nur irgend möglich." Dies bedeutet immer, dass wir den ersten Schritt gehen, ungeachtet, wer nun die Schuld an dem betreffenden Konflikt trägt! Denn der Einzige, der uns davon abhalten will, ist derjenige, der ein Interesse daran hat, uns von Gott zu trennen.

Zum Nachdenken

Welchen Konflikt sollte ich heute im Namen Jesu angehen? Wen sollte ich anrufen oder ansprechen, wem sollte ich schreiben, um ein Zeichen der Versöhnung zu setzen?

Ihre Gedanken

Ihre Gedanken

Tag 6

Ruhen Sie jeden Tag in Jesus

Vers des Tages: *Psalm 3,6*

Rund ein Drittel unseres Lebens verbringen wir schlafend. Wer 70 Jahre alt wird, hat davon ungefähr 23 Jahre geschlafen und etwa 5 Jahre geträumt. Tagträume in langweiligen Gottesdiensten nicht mitgerechnet ...

Gott hätte den Menschen auch so erschaffen können, dass dieser ohne Schlaf auskommt, aber er hat es nicht. Also muss Schlaf eine Bedeutung haben.

Wenn wir schlafen, müssen wir loslassen und anerkennen, dass die Welt sich auch ohne uns weiterdreht. Das ist eine gute Übung, denn in unserer Hochleistungsgesellschaft, in der allein Leistung zählt, ist Schlaf eine lästige Unterbrechung. Man sollte ihn meiden, möglichst reduzieren. Moderne Unternehmen haben eine Zeit lang Kurse angeboten, in denen man schrittweise lernen konnte, mit immer weniger Schlaf auszukommen. Aber das hat nicht wirklich funktioniert!

Gott hat es ja auch anders gewollt. Er gab uns den Schlaf als Ruhezeit und um uns täglich daran zu erinnern, dass wir nicht ständig die Dinge in der Hand halten können. Er hält die Zügel in der Hand. Wir brauchen ihm nur zu vertrauen.

Gebet

Herr, danke für das Geschenk eines jeden neuen Tages. Hilf uns, dich in jedem Tag zu finden. Hilf uns, jeden Abend in deinem Namen schlafen zu gehen, unseren Kopf auf das Kissen zu legen und dir völlig zu vertrauen, zu wissen, dass du alles unter Kontrolle hast.

Und wenn wir aufwachen, dann lass uns bereit sein, uns dir auszuliefern, uns auf deine tägliche Gnade zu verlassen und uns durch jede Herausforderung hindurchtragen zu lassen. In Jesu Namen. Amen!

2. WOCHE

Alltägliche Beziehungen

Ihre Gedanken

Ihre Gedanken

Tag 1

Hilf uns, jeden Tag dich und unseren Nächsten so zu lieben, wie uns selbst

Verse des Tages: *Matthäus 22,36–40*

Es sind die existenziellen Momente, die offenbaren, was wirklich zählt.

Es gibt bewegende Zeugnisse von Menschen, die sich an Bord des Flugzeuges befanden, das am 11. September 2001 über New York von Terroristen zum Absturz gebracht wurde. Den Tod vor Augen, riefen diese Menschen zu Hause an, um mit ihren Lieben zu sprechen. Manche sprachen auch auf den Anrufbeantworter, weil niemand zu Hause war. In ihren letzten Worten ging es nicht um Geld oder Besitz. Es ging nicht darum, Geschäfte abzuschließen oder schnell noch eine Anschaffung zu tätigen. Es ging immer nur um eines: Sie wollten noch einmal sagen: „Ich liebe euch! Sagt es den Kindern, sagt es den Eltern, vergesst es nicht: Ich liebe euch!“

Den eigenen Tod vor Augen, erkannten diese Menschen mit einem Mal, was das Wichtigste im Leben ist: Liebe!

Wir sehnen uns danach, geliebt zu werden und Liebe weiterzugeben. Diese Liebe kommt von Gott, denn Gott ist Liebe (1. Johannes 4, Verse 7 und 8).

Auch Jesus war sich darüber im Klaren, als er gefragt wurde, was denn das Wichtigste sei: Liebe! Liebe Gott, denn er ist die Quelle der Liebe, aber auch: Liebe die Menschen. Gib die Liebe an andere weiter. Lass dich von Gott füllen und entdecke dann, dass Leben in Fülle entsteht, wenn wir zu lieben beginnen. Wer sein Leben in die Liebe investiert, kann nicht scheitern.

Zum Nachdenken

Welche Rolle spielt die Liebe wirklich in meinem Leben? Richten sich meine Prioritäten daran aus? Was müsste ich verändern, um der Liebe den Stellenwert einzuräumen, der ihr zusteht?

Ihre Gedanken

Ihre Gedanken

Tag 2
Hilf uns zu lernen, so zu lieben, wie du liebst

Verse des Tages: *1. Korinther 9,24–25*

Alle vier Jahre kämpfen Sportler aus aller Welt um Medaillen und Podiumsplätze. Ihr Leben ist auf dieses eine Ziel ausgerichtet: Einmal eine Medaille zu gewinnen. Einmal zu den Besten der Welt zu gehören. Einmal der Sieger zu sein. Und um dieses Ziel zu erreichen, nehmen sie viele Entbehrungen auf sich. Ihr gesamtes Leben dreht sich um dieses eine Ziel. Sie stehen früh auf, essen nur noch Vogelfutter und verzichten auf alles, was ihre Entwicklung beeinträchtigen könnte. Stattdessen trainieren sie Tag für Tag, Woche für Woche, Monat für Monat! Und das alles nur, um dieses eine Mal auf dem Treppchen zu stehen und ein Stück Edelmetall an einem bunten Band um den Hals gehängt zu bekommen.

Paulus verwendet das Bild eines Wettkampfes, um zu illustrieren, wie das Leben in der Nachfolge aussieht. Aber während es bei den Sportlern um einen Preis geht, der vergänglich ist, kämpfen wir für etwas, das in alle Ewigkeit Bestand hat. Bei unserem Kampf geht es darum, Jesus immer ähnlicher zu werden. Das bedeutet, dass unser Leben immer mehr von Liebe durchdrungen ist. Liebe zu Gott und Liebe zu den Mitmenschen. Unsere Liebe wird durch kleine Taten der Liebe trainiert. Heute müssen wir trainieren und morgen und übermorgen auch – an jedem Tag, damit wir Stück für Stück in das Bild seines Sohnes verwandelt werden!

Zum Nachdenken
Wem könnte ich heute ein liebes Wort sagen? Wer braucht heute eine kleine ermutigende Botschaft von mir? Wem sollte ich heute zuhören?

Ihre Gedanken

Ihre Gedanken

Tag 3
Hilf uns jeden Tag, unseren Mitmenschen zuzuhören

Vers des Tages: *Jakobus 1,19*

Wie oft passiert das Folgende: Wir befinden uns im Gespräch mit einem Menschen und hören ihm zu. Während unser Gegenüber spricht, fällt uns plötzlich eine Geschichte oder ein Gedanke ein, den wir beisteuern könnten. Also warten wir auf den Moment, wenn der andere eine Pause macht – zum Beispiel, um Luft zu holen. Blitzschnell nutzen wir die Gelegenheit und beginnen damit, unsere Geschichte zum Besten zu geben. Aber unser Gegenüber war noch gar nicht fertig. Also lauert nun er auf den Augenblick, wenn wir zum Atemholen eine Pause machen müssen ...

Unzählige Gespräche sind im Grunde nichts anderes als der heimliche Kampf um Gesprächsanteile. Und wer seltener Luft holen muss, ist klar im Vorteil!

Viele Menschen haben wesentlich weniger Probleme damit zu reden, als zuzuhören. Wir produzieren lieber Worte, als etwas aufzunehmen. Wenn wir jedoch Jesus ähnlicher und liebevoller werden wollen, müssen wir erkennen, welche tiefe Bedeutung das Zuhören hat. Wer zuhört, nimmt den anderen wirklich wahr. Wer zuhört, erkennt die Bedeutung des anderen an. Er schenkt dem Gegenüber seine Aufmerksamkeit. Wer zuhört, stellt den anderen in den Mittelpunkt und schärft so seine Fähigkeit zu lieben.

Obwohl Jesus der größte Lehrer aller Zeiten und ein toller Geschichtenerzähler war, besaß er doch wie kein anderer die Fähigkeit zuzuhören. Er gab seinem Gegenüber immer wieder die Zeit, auch seine Geschichte zu erzählen. Und damit hat Jesus viele Male die Tür zum Herzen der Menschen aufgestoßen.

Zum Nachdenken

Zuhören bedarf einer grundsätzlichen Entscheidung. Wem will ich heute zuhören? Zu wem will ich heute sagen: Erzähl mir mehr?

Ihre Gedanken

Ihre Gedanken

Tag 4

Hilf uns dabei, jeden Tag das Leben anderer Menschen zu berühren

Verse des Tages: *Lukas 5,12–13*

Er war ein Unberührbarer. Jemand, der von anderen gemieden wurde, weil sie fürchteten, sich bei ihm anzustecken. Jemand, der diskriminiert wurde, denn wer so krank war, der hatte zweifellos etwas auf dem Kerbholz, der hatte bestimmt etwas getan, wofür Gott ihn strafte! Man ging ihm aus dem Weg, er wurde zu einer Unperson – isoliert, einsam. Kein freundschaftlicher Händedruck, kein kräftiges Schulterklopfen, keine zärtliche Umarmung mehr, kein Kuss, kein Knuff, noch nicht einmal eine flüchtige Berührung gab es für ihn. Niemand überwand die Distanz. Niemand vermittelte menschliche Nähe. Und so ging die Krankheit des Körpers allmählich auch auf seine Seele über.

Bis zu dem Tag, als er Jesus gegenüberstand. Jesus berührt die Unberührbaren. Er überwindet die körperliche Distanz und vermittelte damit Liebe und Annahme jenseits aller Worte.

Unsere Straßen sind voll von Unberührbaren, von Menschen, die niemand achtet, niemand anfassen will, die von ihrer Umgebung isoliert sind. Wir alle brauchen menschliche Nähe, brauchen ein aufmunterndes Schulterklopfen, einen freundlichen Knuff, einen aufmunternden Händedruck.

Wir brauchen es, und wir sind in der Lage, es zu geben. Es kostet uns nicht viel, bedeutet aber einem anderen Menschen alles.

Zum Nachdenken

Welche Menschen stellt Gott heute in meinen Weg, die auf einen freundschaftlichen „Knuff" warten? Was hindert mich daran, die körperliche Distanz zu überwinden und Menschen liebevoll zu berühren?

Ihre Gedanken

Ihre Gedanken

Tag 5

Hilf uns, jeden Tag Worte voller Gnade und Wahrheit zu sprechen

Verse des Tages: *Johannes 1,1–4*

Im zwischenmenschlichen Umgang gibt es häufig zwei Extreme: Auf der einen Seite gibt es die gnadenvollen Wahrheitsvermeider, auf der anderen die gnadenlosen Wahrheitssager.

Die gnadenvollen Wahrheitsvermeider sind stets nett. In ihrer Gegenwart fühlt man sich wohl, sie sind niemals unbequem oder kantig. Sie lieben es, zu loben oder zu ermutigen. Kommt das Gespräch jedoch in schwieriges Fahrwasser, flüchten sie in Nettigkeiten.

Die anderen sind die gnadenlosen Wahrheitssager. Diese Menschen bremsen für niemanden. Sie sagen geradeheraus und ohne Rücksicht auf Verluste, was sie denken. Sie hauen anderen die Wahrheit um die Ohren, machen Mitarbeiter schon mal einen Kopf kürzer und wundern sich, das andere Menschen damit Probleme haben – sie haben es doch nur gesagt, wie es ist.

In den Beschreibungen von Johannes ist Jesus weder das eine noch das andere. Er war weder ein gnadenvoller Wahrheitsvermeider noch ein gnadenloser Wahrheitssager: Er war voller Gnade *und* Wahrheit. Und er forderte seine Nachfolger dazu heraus, es ihm gleichzutun: die Wahrheit zu sagen, aber in Liebe. Dinge anzusprechen, auch wenn es unangenehm ist. Aber immer auf eine Art und Weise, dass der andere mit der Wahrheit noch leben und sie annehmen kann und nicht abblocken muss.

Zum Nachdenken

Zu welcher Art von Menschen gehöre ich? Bin ich eher der gnadenlose Wahrheitssager oder der gnadenvolle Wahrheitsvermeider? Was will der Geist Gottes mir heute sagen – wo soll ich durch ein verändertes Verhalten mehr Gnade oder mehr Wahrheit in mein Leben bringen?

Ihre Gedanken

Ihre Gedanken

Tag 6

Hilf uns heute, Jesus ein kleines bisschen ähnlicher zu werden

Vers des Tages: *Lukas 6,40*

Es entspricht Gottes Willen für unser Leben, dass wir uns verändern. Jesus möchte, dass wir ihm im Laufe unseres Lebens an seiner Seite immer ähnlicher werden. Er ist der Lehrer, wir sind die Schüler, und Ziel dieser Beziehung ist, uns Stück für Stück in sein Bild zu verwandeln. Dies bedeutet, dass die sogenannten Früchte des Geistes (vgl. Galater 5,22) – Liebe, Freude, Friede, Geduld, Freundlichkeit, Güte, Treue, Bescheidenheit und Selbstbeherrschung – Einfluss auf unser Leben gewinnen und dass unser Charakter und unsere Persönlichkeit immer mehr von diesen Eigenschaften geprägt werden.

Wir stehen also in einer Lernbeziehung mit Jesus. Der Blick auf ihn will uns formen. Seine Gegenwart will uns verändern. Der Heilige Geist will Einfluss nehmen auf unser Verhalten, Reden, Denken und Tun.

Wenn Jesus einem Menschen begegnet, dann möchte er, dass eine Veränderung zum Positiven eintritt. Er erwartet, dass wir Entscheidungen treffen, Gewohnheiten ändern, Ziele neu ins Auge fassen, eben umkehren und uns durch ihn neu ausrichten lassen. Diese Neuausrichtung ist ein täglicher und lebenslanger Prozess. Zu dieser Neuausrichtung gehört auch, dass wir täglich die innere Übereinstimmung mit Jesus suchen, im Gebet, in der Stille, durch das Lesen in seinem Wort.

Zum Nachdenken

Wenn ich in Gedanken ein Jahr zurückgehe – wie sehr hat sich mein Leben seither verändert? Bin ich im vergangenen Jahr Jesus ähnlicher geworden? Begegne ich Gott und den Menschen mit mehr Liebe? Bin ich offen dafür, im vor mir liegenden Jahr diese Veränderung geschehen zu lassen?

3. WOCHE

Mit Jesus bei der Arbeit

Ihre Gedanken

Ihre Gedanken

Tag 1
Wir arbeiten, weil wir Geschöpfe eines Gottes sind, der selbst ständig am Werk ist

Vers des Tages: *Johannes 5,17*

Gott ist der Schöpfer! Er ist unendlich kreativ und er hat uns nach seinem Ebenbild erschaffen. Also tragen auch wir den Wesenszug der Kreativität in uns. Wir arbeiten, weil wir von einem aktiven und kreativen Gott geschaffen wurden.

Arbeit ist also keine Bestrafung, kein Mittel zur Bestreitung des Lebensunterhaltes, sondern Ausdruck unseres Wesens. Nirgendwo sonst kann man diese Wahrheit so schön studieren wie am Strand zur Ferienzeit.

Was macht der normale Mensch am Strand, wenn alle Arbeit von ihm abfällt und nur noch Erholung angesagt ist? Er gräbt ein Loch! Bis zum Grundwasser. Oder baut eine Burg. Oder sammelt Muscheln, um damit die selbstgebaute Burg zu verschönern.

Andere graben Kanalsysteme im ablaufenden Wasser oder modellieren ein Formel-1-Auto im Sand oder schütten um ihr Handtuch einen meterhohen Sandwall auf, um für alle Zeiten sicher zu sein vor anderen Urlaubern, die ihr Handtuch womöglich direkt neben das eigene platzieren wollen.

Gott hat diese Sehnsucht, etwas zu gestalten, etwas zu erschaffen, etwas aufzubauen in uns hineingelegt, als er uns zu seinen Ebenbildern machte. Wir sind Geschöpfe eines kreativen Gottes.

Zum Nachdenken

Was bedeutet mir meine Arbeit – gleichgültig, ob ich täglich ins Büro fahre oder zu Hause arbeite, ob ich Kinder erziehe oder als Ruheständler ehrenamtlich tätig bin? Betrachte ich sie als Segen oder empfinde ich sie eher als Fluch?

Was müsste sich ändern, damit ich meine Arbeit als sinnerfüllendes Geschenk von Gott betrachten kann?

Ihre Gedanken

Ihre Gedanken

Tag 2
Wie würde Gott meinen Einsatz bei der täglichen Arbeit beurteilen?

Verse des Tages: *Kolosser 3,23–24*

Vor vielen Jahren gab es bei einem beliebten Computerspiel die sogenannte „Cheftaste". Wer am Arbeitsplatz mit diesem Spiel seine Zeit vertrödelte und Gefahr lief, erwischt zu werden, brauchte nur diese Taste zu drücken und auf dem Bildschirm erschien eine unverdächtige Tabellenkalkulation! Überflüssig zu sagen, dass sich dieses Spiel überaus großer Beliebtheit erfreute!

Für wen arbeiten Sie? Erledigen Sie Ihre Aufgaben für Ihren Chef? Versuchen Sie, sich so einigermaßen durchzumogeln - immer nur den einen Gedanken im Hinterkopf, dass Sie so viel wie nur möglich für sich herausholen müssen? Arbeiten Sie, um Ihren Lebensunterhalt zu bestreiten? Damit Ihre Familie über die Runden kommt? Oder erledigen Sie Ihre Arbeit in erster Linie für Gott - ihm zur Ehre?

Nicht Menschen sollen das Ziel sein, auf das wir uns konzentrieren, sondern Gott. Dabei ist es natürlich völlig in Ordnung, wenn wir tagtäglich ins Büro fahren, um für unsere Familie zu sorgen. Gott hat sie uns ja anvertraut. Aber wenn wir nur aus diesem einen Grund berufstätig sind, ist dies zu kurz gedacht. Wir sollen mit unserer Arbeit Gott ehren - auch wenn sie in den Augen anderer Menschen vielleicht gar nicht so erstrebenswert ist.

Zum Nachdenken

Wie würde Gott meinen Einsatz am Arbeitsplatz oder zu Hause beurteilen?
Wo brauche ich vielleicht Gottes Hilfe, um meine Arbeit in einer befriedigenderen Weise zu erledigen?

Ihre Gedanken

Ihre Gedanken

Tag 3

Lege ich während des Tages und während der Woche angemessene Pausen ein?

Verse des Tages: *Genesis 2,2–3*

Warum hat Gott sich wohl nach sechs Tagen kreativen Schaffens ausgeruht? Hatte er sich bei der anstrengenden Schöpfungsarbeit verausgabt? Brauchte er endlich mal Ruhe, weil die Arbeit ihn ausgelaugt hatte? War er genervt von all dem Stress - hat er sich den Schweiß von der Stirn gewischt, tief durchgeatmet und gesagt: „Mir sei Dank, endlich ist Wochenende.“?

Warum hat Gott einen Tag frei gemacht? Wohl kaum, weil er einfach nicht mehr konnte. Seine Kraft ist grenzenlos, seine Macht verbraucht sich nicht. Er wird nicht müde und schläft nicht, weil er sich nicht verausgabt.

Nein, Gott hat eine Pause eingelegt, um uns ein Beispiel zu geben. Er hat sich ausgeruht, um zu zeigen, dass das Leben nicht nur aus Arbeit besteht, sondern auch Phasen des Ausruhens nötig sind. Das Leben besteht aus einem Rhythmus aus Anspannung und Entspannung, aus Arbeit und Ruhe.

Dass Gott den Ruhetag schuf, lehrt uns eines: Man ist nicht geistlicher, wenn man jeden Tag bis zur völligen Erschöpfung arbeitet. Arbeit und Ruhe gehören beide zum Leben hinzu. Eines ohne das andere geht nicht.

Dies sollte sich auch in Ihrem Leben widerspiegeln. Die Zeiten der Ruhe und die Pausen haben genauso ihre Berechtigung wie die Zeit Ihres „Schaffens“.

Zum Nachdenken

Wie könnte mein Tagesablauf aussehen, wenn ich diese Wahrheit wirklich in meinem Alltag umsetze? Wie müsste mein Arbeitsablauf gestaltet werden, dass Pausen und Ausruhen wirklich ihren Platz haben? Was ist eigentlich der Grund für den ständigen Stress in meinem Leben?

Ihre Gedanken

Ihre Gedanken

Tag 4
Sind Sie bereit, konstruktive Kritik anzunehmen?

Vers des Tages: *Römer 12,3*

Eines der von mir meistgefürchteten Instrumente bei uns zu Hause ist die Badezimmer-Waage. Ihre Rückmeldung ist gnadenlos. Sie teilt mir ohne nette Verpackung mit, wie es um mein Gewicht bestellt ist. Und leider gehöre ich zu den Menschen, die irgendwie zu barocken Formen tendieren. Als ich geboren wurde, waren Waschbrettbäuche wohl gerade ausverkauft.

Ich kann also nicht behaupten, dass ich die Rückmeldung unserer Waage liebe. Eher das Gegenteil ist der Fall – am liebsten gehe ich dieser Form der Kritik aus dem Weg. Manchmal tue ich über Monate einfach so, als wäre diese Waage gar nicht da! Ich übersehe sie beim Betreten des Badezimmers einfach.

Aber irgendwann kommt der Tag, da ist es an der Zeit, meine Haltung aufzugeben. (Es beginnt meist mit einem stirnrunzelnden Blick meiner Frau, der langsam an mir herabgleitet, während ich instinktiv den Bauch einziehe.)

Dann bringt es mir gar nichts mehr, dass ich einen Bogen um dieses Instrument mache – irgendwann muss ich mich eben doch wieder der Rückmeldung unserer Waage stellen. Was sie mir sagt, mag ich nicht hören, denn es fordert mich zur Veränderung heraus – und wer verändert sich schon gerne? Aber ausweichen ist keine gute Strategie. Ich muss Konsequenzen ziehen. Die notwendigen Schritte einleiten, damit sich mein Körper wieder in die natürlichen Grenzen des Vorjahres zurückzieht. Wenn ich dann endlich soweit bin, ist unsere Waage das Instrument, das den Fortschritt dokumentiert. Und manchmal kann ich sie dann sogar richtig gut leiden ...

Konstruktive Kritik sollte etwas sein, das uns zur Veränderung motiviert. Etwas, das Schwachstellen aufdeckt, die Notwendigkeit für Veränderung vor Augen führt, aber dann auch den Fortschritt dokumentiert. Rückmeldungen sind nicht die ganze Wahrheit über uns, aber sie sind Indikatoren für Veränderung. Und darum sind sie so wichtig.

Paulus weist in seinem Brief an die Gemeinde in Rom ebenfalls darauf hin, dass wir in unserem Urteil über uns selbst ehrlich sein sollen. Und dazu brauchen wir auch die konstruktive Kritik von anderen Menschen.

Zum Nachdenken

Welchen Menschen könnte ich darum bitten, mir regelmäßig Rückmeldung zu geben, um mich in meiner (geistlichen) Entwicklung zu fördern?

Ihre Gedanken

Ihre Gedanken

Tag 5

Schwierige Menschen eröffnen uns die Möglichkeit, Liebe zu üben

Verse des Tages: *Matthäus 5,43–46*

Andere zu lieben, wenn die Sonne scheint, wenn die Atmosphäre vor Harmonie nur so überquillt und jeder im Team bemüht ist, den diesjährigen Rekord in Sachen Demut zu brechen - das ist eine Sache.

Was aber geschieht, wenn man den Eindruck hat, man sei von den schwierigsten Menschen umgeben, die unser Universum zu bieten hat? Wenn uns der Kollege mit seinen flachen Späßen auf die Nerven geht? Wenn die Nachbarin seit Wochen ihre kaputte Ehe bei uns aufarbeitet, sich aber standhaft weigert, zu einer Beratung zu gehen?

Wenn das der Fall ist, bietet sich uns die Möglichkeit, Liebe zu üben.

Nette Menschen zu lieben stellt nicht wirklich eine Herausforderung dar. Spannend wird es, wenn wir die schwierigen lieben sollen, diejenigen, die man lieber auf den Mond schießen würde, als sie ins Herz zu schließen. Wenn es darum geht, diesen Menschen liebevolle Taten zu erweisen, ist dies ein echter Testfall für unser Herz! Unser Herz wird in keiner anderen Situation so stark erweitert, wie dann, wenn wir diese Hürde überspringen. Denen Gutes zu tun und Gutes zu wünschen, die uns nerven, ist ein Quantensprung, denn dies bedeutet, dass wir um Jesu willen von unserem üblichen Verhalten abweichen.

Zum Nachdenken

Welchem schwierigen Menschen in meinem Umfeld könnte ich heute ein kleines Zeichen der Zuneigung zukommen lassen?

Ihre Gedanken

Ihre Gedanken

Tag 6

Wie können wir anderen an unserem Arbeitsplatz dienen?

Verse des Tages: *Johannes 13,1–17*

Nachdem Jesus seinen Jüngern die Füße gewaschen hat, macht er ihnen deutlich, dass er ihnen damit ein Beispiel gegeben hat, dem sie folgen sollten. Er, der Herr und Meister, hat seinen Schülern die Füße gewaschen und damit die niederste Arbeit verrichtet, die es zu tun gab. Und nun ergeht seine Aufforderung an uns, es ihm gleichzutun.

Das Prinzip des Dienens ist nicht gerade populär. Wir waschen anderen lieber den Kopf als die Füße! Aber Jesus macht unmissverständlich deutlich: „Wenn du mir folgen willst, gibt es keine Alternative zum Dienen. Du wirst anderen dienen müssen."

Nur wenn Sie dienen, kommen Sie dem Wesen Gottes wirklich nahe. Nur wenn Sie dienen, richten Sie sich auf den aus, der wie kein anderer gedient hat! Unseren Herrn!

Er, der mit allen ihm zustehenden Privilegien in der Herrlichkeit bei Gott lebte, gab das alles auf und wurde Mensch – jedoch nicht, um zu herrschen, sondern um zu dienen und sein Leben als Lösegeld hinzugeben für viele. Und wenn wir dienen, bringt uns das dem wahren Wesen Gottes näher!

Zum Nachdenken

Wo eröffnen sich mir heute Möglichkeiten zu dienen, ohne dass ich dafür etwas zurückbekomme? Wo könnte ich heute im Verborgenen etwas Gutes tun – und nur Gott und ich wissen etwas davon?

4. WOCHE

Auf Jesus hören

Ihre Gedanken

Ihre Gedanken

Tag 1

Hilf uns, deine Stimme von all den anderen zu unterscheiden

Verse des Tages: *Johannes 10,2–4*

„Nun rate mal, wer hier ist?" Als ich die Stimme am anderen Ende der Leitung höre, bricht mir der kalte Schweiß aus. Ich habe keinen Schimmer, wer da am anderen Ende der Leitung ist! Ich erkenne die Stimme einfach nicht! Aber wenn ich das jetzt zugebe, ist der andere bestimmt beleidigt! Also, wer kann das bloß sein? Hoffentlich niemand, dessen Stimme ich unbedingt erkennen müsste. Jemand aus der Verwandtschaft oder ein guter Freund. Was, wenn ich mit meiner Antwort völlig danebenliege? Aber ich kann es nicht ändern. Die Stimme ist mir nicht vertraut genug! Ich kann nur raten!

Ganz anders beim Anruf meiner Frau! „Ich bin's!" Diese zwei Worte reichen aus, um mich sofort ins Bild zu setzen, denn diese Stimme kenne ich. Ich liebe ihren Klang. Ich kenne jede Nuance. Sie ist mir vertraut. Ich höre nur diese zwei Worte und weiß sofort, wer dran ist. Je vertrauter mir jemand ist, desto besser erkenne ich ihn an seiner Stimme.

Ist das in Bezug auf Jesus auch so? Jesus sagt, dass seine Schafe seine Stimme kennen. Sie erkennen ihn daran, weil sie unverwechselbar ist. Sie haben gelernt, diese Stimme zu hören und ihr zu folgen. Je häufiger das geschieht, desto vertrauter wird die Stimme und desto schneller erkennen wir sie.

Zum Nachdenken

Wie vertraut ist mir die Stimme Jesu? Erkenne ich sein Reden, wenn ich es in meinem Herzen vernehme? Welche geistliche Übung könnte mir dabei helfen, mit der Stimme Jesu vertrauter zu werden?

Ihre Gedanken

Ihre Gedanken

Tag 2

Hilf uns zu wissen, wie wir deine Stimme hören können

Verse des Tages: *1. Samuel 3,4–10*

Können Sie sich das vorstellen: Gott redet mit einem Menschen, aber dieser merkt es nicht? Der Mensch hört zwar die Stimme, aber er begreift nicht, dass es sich dabei um Gott handelt? Samuel ist es so ergangen.

Er vernahm deutlich die Stimme Gottes, begriff aber nicht, was da vor sich ging. Stattdessen rannte er immer wieder zu Eli, seinem Lehrer, der schließlich erkannte, was gerade geschah, und dem jungen Samuel den entscheidenden Hinweis geben konnte.

Viele Menschen meinen: „Wenn Gott in mein Leben hineinsprechen würde, dann wüsste ich das doch. Dann wäre seine Stimme unmissverständlich. Dann wäre das völlig klar. Sein Reden wäre eine unüberhörbare Offenbarung, eine Schrift an der Wand, eine klare und deutliche Botschaft!“ Aber die Geschichte von Samuel lehrt uns etwas anderes.

Es kann gut sein, dass wir Gottes Stimme nicht erkennen, selbst dann, wenn wir sie hören. Es kann gut sein, dass wir erst die Bereitschaft entwickeln müssen, ihr zuzuhören, auf diese Stimme zu reagieren und uns zu öffnen, um damit Gott die Chance zu geben, uns anzusprechen.

Eli befahl Samuel zu sagen: „Sprich, Herr, ich höre.“ Und er brachte Samuel damit auf einen Weg, der dessen weiteres Leben völlig veränderte.

Gott redet, aber wir müssen bereit sein, zuzuhören, und lernen, seine Stimme von all den anderen Stimmen in unserem Umfeld zu unterscheiden.

Zum Nachdenken

Gab es schon einmal Situationen, in denen ich Gottes Stimme in meinem Leben nicht erkannt habe? Was waren die Gründe dafür? Wie kann ich für Gottes Reden in meinem Leben offener werden?

Ihre Gedanken

Ihre Gedanken

Tag 3
Hilf uns, deine Stimme im Leid zu erkennen

Verse des Tages: *Lukas 24,13–32*

Wenn unsere Träume geplatzt sind, wir die Ziele aus den Augen verloren und unsere Hoffnungen sich nicht erfüllt haben - dann sind wir auf dem Weg nach Emmaus.

Wenn unsere Vorstellungen von der Zukunft sich als Irrtum erwiesen haben, wenn die Enttäuschung sich in uns breitmacht und wir einfach nicht begreifen können, wie es passieren konnte - dann ist Emmaus uns nah.

Wenn wir unermessliches Leid erfahren, die Frage nach dem Warum uns einfach nicht zur Ruhe kommen lässt und wir die Orientierung verloren haben, dann brechen wir auf - nach Emmaus. Zurück in das Leben ohne den Traum. Gelandet auf dem Boden der Tatsachen. Abgestürzt vom Turm unserer Vorstellungen und Hoffnungen. Eben zurück nach Emmaus.

Aber Jesus geht uns hinterher! Er meldet sich mitten auf dem Weg der Enttäuschung zu Wort. Redet, ermutigt, erklärt, baut auf. Auch die Männer erkennen ihn nicht und doch ist er da. Begleitet, tröstet, erläutert - und ihr Herz fängt wieder Feuer. Erst beim Abendessen, als er auf seine Weise das Brot bricht, erkennen die Männer, wer da mit ihnen unterwegs war, und die Hoffnung kehrt zurück!

Zum Nachdenken
Was bedeutet mir die Tatsache, dass Jesus den Enttäuschten nachgeht?
Gibt es in meinem Leben Situationen, in denen Jesus da war, mir das aber erst hinterher bewusst wurde?

Ihre Gedanken

Ihre Gedanken

Tag 4
Hilf uns, genau hinzuhören, wenn du flüsterst

Verse des Tages: *1. Könige 19,1–13*

Der Morgen war windstill und der See lag ruhig da – die Oberfläche spiegelglatt, sodass man den Wald und den Himmel darin sehen konnte. Ich warf einen Stein ins Wasser und verfolgte minutenlang die feinen Wellen, die sich in konzentrischen Kreisen über die Oberfläche ausbreiteten. Welle um Welle zeichnete sich deutlich auf der stillen Wasseroberfläche ab.

Am nächsten Morgen war es windig und der See war unruhig. Die Oberfläche kräuselte sich und Tausende kleiner Wellen liefen gegeneinander. Auch an diesem Morgen warf ich einen Stein ins Wasser – aber von den Kreisen war nichts zu sehen. Nicht, dass die Wellen nicht da gewesen wären – der Stein erzeugte die gleichen Wellen wie am Tag zuvor. Aber die Oberfläche war zu unruhig, als dass man die Wellen hätte sehen können. Es waren einfach zu viele Wellen da, und sie überlagerten die Kreise, deckten sie zu.

Oft geht es uns beim Hören auf die Stimme Gottes genauso. Wir wollen Gott hören, aber unser Leben ist zu unruhig. Die Oberfläche ist voller Bewegung. Sorgen, Ängste, andere Stimmen, Verpflichtungen laufen durcheinander. In diesem Chaos die leise Stimme Gottes auszumachen ist unmöglich. Aber Gott redet dennoch leise. Nur wer still wird, kann ihn hören.

Elia durfte erleben, wie Gott ihn an der Hand nahm und ihn vom Lärm schrittweise zur Stille führte – vom Heulen des Sturmes über das Donnern des Erdbebens und das Knistern des Feuers bis hin zum leisen, sanften Flüstern. Es war, als würde Gott die äußere Lautstärke langsam herunterdrehen, um Elia die Möglichkeit zu geben, dies in seinem inneren Leben ebenfalls zu tun, denn erst im Flüstern war Gott zu finden.

Zum Nachdenken

Wie sieht es mit der „Oberfläche" meiner Seele aus? Ist sie ständig in Bewegung, oder erlaube ich ihr, zur Ruhe zu kommen, damit ich Gottes Reden vernehmen kann? Was müsste ich tun, um regelmäßig Zeit für die Stille zu finden?

Ihre Gedanken

Ihre Gedanken

Tag 5

Hilf uns, den Weg zu gehen, den wir nach deinem Willen gehen sollen

Vers des Tages: *Jesaja 48,17*

Die größte Herausforderung, mit der wir in unserem Glaubensleben konfrontiert werden, ist wohl, darauf zu vertrauen, dass Gott es wirklich gut mit uns meint. Wenn wir das doch in unserem Herzen wirklich glauben könnten! Wenn wir wirklich tief in uns die Gewissheit besäßen, dass Gottes Wege unserem Besten dienen! Dann wäre „Friede" nicht nur ein Wort, sondern erlebte Realität. Dann wäre unser Leben von Gelassenheit bestimmt. Dann wären all die selbstgemachten Sorgen und Ängste, all die Absicherungen und Planungen hinfällig, denn „denen die Gott lieben, müssen alle Dinge zum Besten dienen" (Römer 8,28; LÜ).

Jean-Pierre de Caussade macht sich in seinem Buch „Ewigkeit im Augenblick" Gedanken über die Weihnachtsgeschichte. Er stellt sich die Frage: Was haben die Menschen damals in Bethlehem gesehen? Sie sahen das Profane. Sie sahen das Vordergründige. Sie sahen ein armes Ehepaar, das sein erstes Kind erwartete. Sie sahen einen Stall, etwas völlig Alltägliches. Sie erkannten nicht, dass Gott hier gerade begann, die Rettung der Menschheit zu ermöglichen. Wir, die wir wissen, was danach geschah, sehen dagegen den ewigen Gott am Werk.

Denken wir den Gedanken einmal weiter: Was sehen wir, wenn wir auf unser Leben blicken? Sehen wir das Vordergründige? Das Profane? Sehen wir das Alltägliche? Oder erkennen wir, dass Gott am Werk ist, der gerade seine persönliche Heilsgeschichte mit uns in unser Leben hineinschreibt? Wer so denkt, für den kann jeder Augenblick ein heiliger Moment werden, denn er entdeckt, dass Gott mit uns unterwegs ist.

Wenn Gott Gott ist und wenn Gott gut ist, dann gibt es keine Alternative: Wir müssen ihm einfach vertrauen. Und dann gibt es auf seinen Ruf zur Nachfolge keine sinnvolle andere Antwort als den Gehorsam. Wenn wir das doch in unserem Herzen wirklich glauben könnten!

Zum Nachdenken

Welche Angst hält mich in erster Linie davon ab, Gott völlig zu vertrauen? Was fürchte ich am meisten? Was wäre wohl Jesu Antwort auf diese Angst?

Ihre Gedanken

Ihre Gedanken

Tag 6
Hilf uns, deinen Frieden zu haben

Vers des Tages: *Kolosser 3,15*

Was ich vorhatte, wurde von einer Kollegin als „Vollbremsung auf der Autobahn" bezeichnet: Seit zwei Stunden war ich im Kloster! Und ich konnte mich innerlich fast nicht einkriegen: Ich – im Kloster! Ich hatte diese vier Tage schon lange geplant, nun war es so weit. Ein paar Tage nur allein mit Gott und meinen Gedanken! Und es war, als würde Gott dort im Kloster auf mich warten und sich auf unsere Verabredung freuen. Aber ich war unruhig! Was würde passieren? Würde ich mich langweilen? Würde ich die Stille nicht aushalten? Würde Gott wirklich mit mir reden? Oder würde einfach gar nichts passieren? Wie ging es meiner Frau und den Kindern? Würden sie mit meiner Auszeit klarkommen? Viele Fragen und viel Unruhe in meinem Inneren.

Ich setzte mich an den Tisch in meiner „Zelle" und begann, in der Bibel zu lesen. Plötzlich blieben meine Gedanken an einem Vers hängen; es war Kolosser 3 Vers 15. Während ich über diesen Abschnitt nachdachte, passierte etwas, das ich noch nie so stark und intensiv erlebt hatte: Der Friede Gottes senkte sich auf mich herab – und brachte all diese Fragen zum Schweigen. Es war, als würde sich eine Decke um mich legen und mich einhüllen. Meine Unruhe verschwand, und ich begann, mich für das Geschenk der Nähe Gottes zu öffnen.

Der Friede Jesu ist etwas, das wir uns nicht verdienen oder erarbeiten können. Er ist durch keine Gebetstechnik zu erreichen, durch keine Übung herbeizuzwingen. Er wird von Jesus geschenkt, wo wir uns ihm öffnen. Der Friede ist darüber hinaus an die Gegenwart des Heiligen Geistes gekoppelt. Wo unsere Rebellion gegen Gottes Geist endet, wo wir uns diesem Gott ganz überlassen können, da senkt sich der Friede herab und wird für die, die ihn erleben, zum kostbarsten Geschenk überhaupt. Er durchdringt unser Denken und beeinflusst unser Handeln. Er durchbricht die Hektik unserer Zeit und verschafft unserem gehetzten Geist Ruhe.

Zum Nachdenken

Was bedeutet die Tatsache, dass Gott mir diesen Frieden schenken möchte, für mich?

5. WOCHE

Mit Jesus allein

Ihre Gedanken

Ihre Gedanken

Tag 1
Jesus suchte den Ort zum Gebet sorgfältig aus

Vers des Tages: *Markus 1,35*

Viele Menschen finden es gar nicht so einfach, längere Zeit zu beten, und da will ich mich gar nicht ausklammern. Wie oft passiert es, dass ich mir einen Moment Zeit zum Gebet nehmen will – ich setze mich hin und versuche, meine Gedanken auf Gott auszurichten –, aber ich finde einfach keine Ruhe. Das Telefon läutet oder der Wäschetrockner signalisiert das Ende des Programms, ein Kind kommt hereingeplatzt oder der Postbote klingelt, die Zeitung wird scheppernd in den Briefkasten gesteckt oder der Schornsteinfeger steht vor der Tür.

Manchmal fällt mir in solchen Momenten auch ein, dass ich noch etwas einkaufen wollte, oder mir fällt auf, wie chaotisch es in unserer Wohnung aussieht! Oder ich stelle fest, dass das Wohnzimmer dringend einen neuen Anstrich braucht.

Jesus wusste, wie wichtig es ist, ungestört Zeit mit seinem Vater zu verbringen. Deshalb wählte er die Orte, an die er sich zurückzog, sorgfältig aus. Meist stieg er dazu auf einen Berg oder begab sich in die Wüste. Solche Orte sollten garantieren, dass er auch tatsächlich einmal für einige Zeit ungestört war. Nur der Vater und er. Auch der Ort selbst sollte ihn nicht ablenken und möglichst wenige äußere Reize bieten.

Wenn wir uns Zeit für Gott nehmen wollen, sollten wir ebenso vorgehen. Wir sollten den Ort und den Zeitpunkt sorgfältig auswählen, um mögliche Störungen so gut es geht von vornherein auszuschließen.

Zum Nachdenken

Welchen Ort könnte ich in dieser Woche aufsuchen, um zur Stille und zum Gebet zu finden?

Ihre Gedanken

Ihre Gedanken

Tag 2
Jesus lud seine Jünger ein, zur Ruhe zu kommen

Verse des Tages: *Markus 6,31–32*

Jesus erwartete von seinen Jüngern nicht, dass sie pausenlos arbeiteten. Er achtete sorgfältig darauf, dass sie Ruhezeiten hatten, und suchte mit ihnen Orte auf, an denen sie sich zurückziehen konnten. Nach getaner Arbeit war nun die Zeit gekommen, um sich zu erholen.

Viele Christen glauben, Gott wäre von ihrem unermüdlichen Einsatz beeindruckt. Und so arbeiten sie und arbeiten und vergessen, dass für Gott viel wichtiger ist, dass wir mit ihm zusammen sind (bei ihm sind), als dass wir für ihn arbeiten.

Aber wie oft passiert es – gerade, wenn man engagiert in der Gemeinde mitarbeitet –, dass man feststellt: „Ich habe einfach keine Zeit, um mich zum Gebet in die Stille zurückzuziehen. Ich muss einfach noch so viel für Gott tun. Da ist diese Besprechung und jenes Treffen. Da ist der Gottesdienst, der vorbereitet werden muss, und diese Gruppenstunde, die ich halten soll.

Gott, tut mir leid, aber ich habe gerade einfach keine Zeit für dich, ich hab so viel um die Ohren.

Herr, bitte unterbrich mich nicht. Ich bin gerade so damit beschäftigt, eine Predigt darüber zu verfassen, wie wichtig es ist, sich von Gott unterbrechen zu lassen."

Absurd, oder?

Jesus lud seine Jünger an einen ruhigen Ort ein. Er durchbrach ihre – und damit auch unsere – menschliche Fixierung auf Leistung. Er freut sich, wenn wir zur Ruhe kommen und Zeit dafür finden, einfach nur bei ihm zu sein.

Zum Nachdenken
Jesus lud die Jünger an einen ruhigen Ort ein. Stellen Sie sich einmal vor, Jesus würde Sie einladen – wohin würde er mit Ihnen gehen? Was würden Sie gemeinsam mit ihm tun?

Ihre Gedanken

Ihre Gedanken

Tag 3

Der Hirte führt seine Schafe an einen Ort des Überflusses

Verse des Tages: *Psalm 23*

Grüne Auen und frisches Wasser sind in Palästina etwas ganz Besonderes. In der öden Wüstenlandschaft ist die Vorstellung von einer grünen Aue ein Bild voller Leben. Das üppige, saftige Gras bildet einen krassen Gegensatz zu den dürren Halmen der Steppe. Es ist ein Bild für Leben im Überfluss.

Auch die sprudelnde Quelle sticht gegenüber den dreckigen Tümpeln oder den tiefen Brunnen deutlich hervor. Ein Bild voller Leben und Erfrischung. Beide Bilder verdeutlichen die überwältigende Fürsorge des guten Hirten, der für seine Schafe da ist.

Wie viele Menschen fühlen sich dagegen ständig von Gott getrieben! Ständig gehetzt! Weil die Arbeit nie getan ist. Weil es in der Gemeinde immer noch so viel zu tun gibt. Weil es immer noch Menschen gibt, die Gott nicht kennen! Und es gäbe noch viele andere „gute" Gründe zu nennen.

Jesus hat sich als unser guter Hirte bezeichnet (Johannes 10,11). Er will im Leben all seiner Kinder für grüne Auen und frisches Wasser sorgen. Er will uns dorthin führen. Er will diese Zeiten der Erfrischung schaffen!

Zum Nachdenken

Was könnte für Sie zur grünen Aue oder zum frischen Wasser werden?
Wo liegen die Orte, an die Jesus Sie führen will, um Sie zu erfrischen und Ihren „Tank" wieder zu füllen?

Ihre Gedanken

Ihre Gedanken

Tag 4

Gott lädt uns ein, still zu werden

Verse des Tages: *Psalm 46*

Sendeloch nennt man im Radio eine kurzzeitige Pause, in der nichts zu hören ist. „Sendeloch“ - denn der Hörer fällt sofort in ein tiefes Loch, wenn einmal der Geräuschpegel abreißen sollte. Und deshalb gilt es dies auch um jeden Preis zu vermeiden. Bloß keine Pause. Bloß keine Stille aufkommen lassen. Stille ist schlecht. Musikteppich ist gut. Reden ist gut. Immer was im Hintergrund laufen lassen. Am besten noch den Fernseher, bis man einschläft.

Wir leben in einer Welt, in der ihn niemand mehr kennt, den „Sound of silence“ - den Klang der Stille. Denn in der Stille wird laut, was in uns ist. In der Stille kommt hoch, was verdrängt wurde. In der Stille tauchen die Fragen auf. Ungeklärtes, Zurückgedrängtes, Bohrendes, Anklagendes, Suchendes.

Gott sagt, dass wir Stille brauchen, dass wir den Fragen nicht ausweichen müssen und die Stille einen Zweck hat: Wir sollen erkennen, dass Gott der Herr ist! Und wenn er der Herr ist, dann kann uns keine Frage aus der Bahn werfen.

Zum Nachdenken

Auf welche Geräusche könnte ich heute verzichten?

Ihre Gedanken

Ihre Gedanken

Tag 5
Gott hat Sie als sein Ebenbild erschaffen

Verse des Tages: *Psalm 8*

Gebannt starre ich auf den Monitor, dessen schwarzweißes Bild pulsierende, ständig sich verändernde Muster und Linien zeigt.

„Hier!“ Der Arzt hält den Ultraschall-Scanner in der Hand und deutet auf eine Stelle. „Da ist es! Es ist ein Eckenhocker!“

Mit heftigem Herzklopfen starre ich fasziniert auf den kleinen Schatten, der auf dem Monitor zu sehen ist, und bin völlig überwältigt! Dieser kleine Cashewkern dort in der Ausbuchtung der Fruchtblase ist also unser Kind. Nach einer langen Zeit des Wartens und zwei Fehlgeburten kann ich unser Glück kaum fassen.

In den nächsten Monaten starre ich immer wieder auf diesen Bildschirm und erlebe das Wunder des Lebens hautnah mit. Der Kern wird größer; bald sind schon ein Kopf und Arme und Beine zu erkennen. Dann ist das Kind so groß, dass man auf dem Monitor nur noch Ausschnitte erkennt.

Einmal, kurz vor Ende, gelingt dem Arzt ein Foto vom Gesichtsprofil unserer Tochter. Für mich ist es das Foto des Jahres!

Und dann ist es da. Unser Kind. Alles dran. Arme, Beine, Zehen, Finger, was für eine Schönheit! Und es riecht so toll!

Gott hat uns Menschen erschaffen und er hat uns wunderbar gemacht. Wenn wir wieder lernen, genau hinzusehen, dann erkennen wir, wie schön alles ist. „Du hast ihm [dem Menschen] Macht und Würde verliehen; es fehlt nicht viel und er wäre wie du“ (GN). Was für eine Aussage! Der Schöpfer dieser Welt hat Freude daran gefunden, uns als seine Ebenbilder zu erschaffen.

Zum Nachdenken

Kann ich noch über die Schönheit des Menschen staunen? Betrachten Sie einmal einen Moment lang Ihre Hand, und staunen Sie über das Wunder und die Schönheit, die Gott Ihnen geschenkt hat!

Ihre Gedanken

Ihre Gedanken

Tag 6
Bewundern Sie die Schönheit um Sie herum

Verse des Tages: *Psalm 104*

Wenn wir in den Sternenhimmel schauen und das Licht weit entfernter Sterne entdecken, wenn wir einen ehrfürchtigen Blick zum Gipfel eines Bergmassivs werfen und uns selbst unbedeutend und klein fühlen, wenn wir nicht aufhören können, den heranrollenden Wellen des Meeres zuzuschauen – dann spüren wir etwas von der Schönheit, die der Schöpfer erschaffen hat, damit wir uns daran erfreuen.

Wenn wir plötzlich aufhorchen, weil die Vögel so schön singen, wenn uns ein Farn ins Auge fällt, dessen filigrane Blätter sich wunderbar entrollen, wenn uns die üppige Vielfalt einer blühenden Blumenwiese überwältigt – dann spüren wir etwas von der Schönheit, die der Schöpfer tagtäglich für uns bereithält.

Wenn uns das Lächeln eines Kindes mitten ins Herz trifft, wenn der Himmel sich uns in der untergehenden Sonne in seinen schönsten Farben präsentiert, wenn die Luft nach einem Gewitter herrlich frisch und rein ist – dann spüren wir etwas von der Schönheit, die Gott erschafft, damit wir sie bestaunen können.

Gott hat diese Welt üppig mit Schönheit ausgestattet – aber viel zu oft sehen wir achtlos darüber hinweg und nehmen sie nicht wahr.

Jesus hat die Menschen immer wieder aufgefordert, genau hinzusehen. Er entnahm die größte Anzahl seiner Beispiele aus der Natur und hielt sie den Menschen vor Augen, damit diese aufmerksam hinschauten.

Gott hat uns mit einer wunderschönen Schöpfung überreich beschenkt! Wir dürfen nicht daran vorbeigehen!

Zum Nachdenken

An welchem Zeichen der Schönheit, die Gott bereitet hat, bin ich heute schon vorübergegangen? Was kann ich tun, um in Zukunft wieder aufmerksamer hinzuschauen?

6. WOCHE

Geistliche Zugänge zu Gott

Ihre Gedanken

Ihre Gedanken

Tag 1
Paulus – der intellektuelle Zugang

Verse des Tages: *Apostelgeschichte 17,16–21*

Manche Menschen erleben die Nähe Gottes am intensivsten, wenn sie etwas über ihn lernen können. Sie öffnen sich für Gott, wenn ihr Verstand gefordert ist, wenn sie neue Dinge begreifen und tief in das Begreifen und Verstehen der Welt vordringen können.

Paulus war ein solcher Vertreter des intellektuellen Zugangs. Wer die theologische Entfaltung des Römerbriefes verfolgt, sieht hier ein intellektuelles Meisterwerk vor sich. Und so ist es kein Zufall, dass die Philosophen ihn mit sich auf den Areopag nahmen, um mit ihm zu diskutieren, denn in dieser Disziplin war Paulus absolut bewandert!

Für Menschen mit dem intellektuellen Zugang führt der Weg zum Herzen direkt über ihre kleinen grauen Zellen. Ihr Verstand muss angesprochen und gefordert werden, dann beginnt Gott zu reden.

Zum Nachdenken

Haben Sie Gottes Reden schon einmal durch intellektuelle Herausforderungen erlebt? Wie genau war das? Oder ist Ihnen das völlig fremd und Sie erleben Gott auf andere Weise?

Ihre Gedanken

Ihre Gedanken

Tag 2
Petrus – der beziehungsorientierte Zugang

Verse des Tages: *Johannes 21,1–22*

Sie war neu in der Gemeinde. Sie war gemeinsam mit ihrem Mann zum Glauben gekommen und versuchte sich nun in der Nachfolge. Aber mit der „Stillen Zeit" habe sie so ihre Probleme, sagte sie. Ihr Mann lese die Bibel und Gott rede auf diesem Weg zu ihm. Sie aber habe es immer wieder versucht, und wenn sie am Ende einer Seite angelangt war, fing sie oben wieder an, weil nichts passiert war. Sie war frustriert und meinte, das mit der Bibel wäre nichts für sie.

Einige Wochen später nahmen beide an einem Glaubenskurs teil. Und in der Gesprächsrunde blühte sie förmlich auf: Sie redete und diskutierte, fragte nach, und Gott machte ihr Dinge klar. Am Ende des Abends hatte sie mehr über den Glauben gelernt, als an all den anderen Tagen vorher zusammen.

Für sie waren Menschen der Schlüssel! Sie brauchte Beziehungen, um sich für Gottes Reden zu öffnen!

Petrus war genauso! Er war ein Beziehungstyp und so begegnete er Gott am intensivsten in der Gemeinschaft mit anderen.

Wenn Sie so sind wie Petrus, dann ist die Kleingruppe für Sie der Schlüssel, um geistlich zu wachsen.

Zum Nachdenken
Haben Sie Gottes Reden schon einmal durch die Gemeinschaft mit anderen erlebt? Oder ist Ihnen das völlig fremd und Sie erleben Gott auf andere Weise?

Ihre Gedanken

Ihre Gedanken

Tag 3
David – der anbetende Zugang

Verse des Tages: *Psalm 122*

Er war ein sehr erfolgreicher Geschäftsmann. Viele seiner Entscheidungen hatten direkt ins Schwarze getroffen und so hatte er ein ständig wachsendes Unternehmen aufgebaut. In den Augenblicken jedoch, wenn seine Seele unruhig war, griff er zu einem Trick: Er stieg in sein Auto, legte eine Anbetungs-CD ein und fuhr so lange durch die Gegend, bis er innerlich ruhig geworden war. Dann ging er zurück ins Büro und traf seine Entscheidungen.

Unter ökologischen Gesichtspunkten betrachtet ist ein solches Verhalten sicherlich noch mal zu überdenken. Vielleicht wäre das Fahrrad doch ein angemesseneres Fortbewegungsmittel gewesen. Aber dennoch zeigt dieses Beispiel, dass es Menschen gibt, die sich für Gottes Nähe besonders durch Musik und Anbetung öffnen.

Wenn Gott gefeiert wird, wenn im Gottesdienst der Lobpreis beginnt, dann werden diese Menschen angesprochen und lebendig.

David steht stellvertretend für diesen Zugang. Er war Musiker. Er tanzte völlig ekstatisch vor der Bundeslade. In den dunkelsten Stunden seines Lebens zog er sich zurück und verfasste Lieder und Gedichte. Das war die Art und Weise, wie er mit Herausforderungen fertig wurde und die Nähe Gottes suchte.

Zum Nachdenken

Haben Sie Gottes Reden schon einmal durch Musik und Anbetung besonders erlebt? Oder ist Ihnen das völlig fremd und Sie erleben Gott auf andere Weise?

Ihre Gedanken

Ihre Gedanken

Tag 4
Nehemia – der aktionsorientierte Zugang

Verse des Tages: *Nehemia 2,11–18*

Die Bibel enthält viele Geschichten über Glauben, in denen aktionsorientierte Führungspersönlichkeiten eine große Rolle spielen. Mose, Elia, Nehemia und auch Petrus – manchmal haben sie genau das Richtige getan, manchmal furchtbar versagt. Mal waren sie unglaublich erfolgreich, mal scheiterten sie kläglich.

Der aktionsorientierte Typ findet geistliche Nahrung und spürt Gottes Nähe, wenn er etwas tut. Er erlebt Gottes Gegenwart, wenn er alles einsetzt und bis über die Haarspitzen herausgefordert ist. Herausforderungen rauben ihnen keine Kraft, sondern sind für diese Menschen vielmehr eine Energiequelle.

Das Leitmotiv des Aktivisten lautet: „Wenn wir Gott treu dienen wollen, dann können wir nicht erwarten, dass seine Feinde uns mögen!“ (Gary Thomas: „Neun Wege, Gott zu lieben“, Brockhaus Verlag, S. 138).

Wenn Sie diesen Satz lesen und lächelnd nicken, dann sind Sie vermutlich ein Aktivist!

Zum Nachdenken

Haben Sie Gottes Nähe schon einmal gespürt, wenn Sie mit Herausforderungen konfrontiert waren und viel zu tun hatten? Wie war das? Oder ist Ihnen das völlig fremd und Sie erleben Gott auf andere Weise?

Ihre Gedanken

Ihre Gedanken

Tag 5

Tabita/Dorkas – der dienende Zugang

Vers des Tages: *Apostelgeschichte 9,36*

Mutter Teresa, die legendäre Ordensschwester aus Kalkutta, die sich um die sterbenden und kranken Menschen kümmerte, fragte jede Schwester, die in ihren Orden aufgenommen werden wollte: „Macht dir diese Arbeit Freude?"

Wenn die Antwort „Nein" lautete, wurde die Bewerberin nicht aufgenommen.

Es gibt Menschen, die auf dem Gesicht derer, denen sie dienen, das Antlitz Jesu sehen. Für sie ist ihr Dienst eine wunderbare Möglichkeit, Gott ihre Liebe zu zeigen und seine Nähe zu erfahren.

Ähnlich wie Tabita in der Apostelgeschichte zeigen diese Menschen großes Engagement im sozialen Bereich. Es macht ihnen einfach Freude, sich für andere Menschen einzusetzen, weil es sie Jesus näherbringt.

Zum Nachdenken

Haben Sie Gottes Nähe schon einmal erlebt, während Sie anderen Menschen gedient haben? Wie war das? Oder ist Ihnen das völlig fremd und Sie erleben Gott auf andere Weise?

Ihre Gedanken

Ihre Gedanken

Tag 6
David – der schöpfungsorientierte Zugang

Verse des Tages: *Psalm 19,1–7*

„Die Himmel erzählen die Ehre Gottes und die Sterne bezeugen seine Schöpfermacht!" Dies ist das Motto eines Menschen, der den schöpfungsorientierten Zugang zu Gott besitzt. In der Schöpfung sieht er die Größe Gottes. Die Natur ist ein mächtiges Zeugnis für seine Allmacht. In der Natur fühlen sich diese Menschen Gott einfach näher!

Es kann für sie eine entscheidende Veränderung sein, die Bibel draußen zu lesen! In der Natur (sofern die Temperaturen dies zulassen)! Denn die Natur wird für sie immer wieder zum Spiegelbild vieler geistlicher Wahrheiten.

Wer diesen Zugang besitzt, ist häufig selbst ein sehr kreativer Mensch. Er hat von Gott eine besonders große Portion Kreativität bekommen. So kann er sich ganz leicht an der Schönheit der Tiere und Pflanzen erfreuen und Gottes Gegenwart in diesen Momenten in besonderer Weise erleben!

Zum Nachdenken
Haben Sie Gottes Nähe schon einmal in seiner Schöpfung auf besondere Weise erlebt? Wie war das? Oder ist Ihnen das völlig fremd und Sie erleben Gott auf andere Weise?

7. WOCHE

Ihr Lebenstempo

Ihre Gedanken

Ihre Gedanken

Tag 1
Lernen Sie, am Ende des Tages zur Ruhe zu kommen

Verse des Tages: *Genesis 1,1–31 und 2,1–3*

Gott hätte diese Welt durch ein einziges Wort erschaffen können, mit allem, was darin kreucht und fleucht. Die gesamte Schöpfung hätte er durch einen bloßen Gedanken ins Dasein rufen können. Ein Wimpernschlag - und alles wäre da gewesen. Aber die Bibel schildert es anders.

Gott wählte bewusst einen mehrteiligen Schöpfungsverlauf. Er schuf die Welt im Verlauf von sieben Abschnitten bzw. Tagen.

Am Ende eines jeden Tages hielt er inne und sah sich an, was er geschaffen hatte. Gott nahm sich die Zeit, sein Werk zu betrachten, seine Arbeit für diesen Tag abzuschließen und das Geschaffene für gelungen zu erklären.

Wie gesagt: Gott hätte es auch anders machen können, aber er gab uns mit dieser Geschichte ein Vorbild, dem wir folgen sollen: Am Ende des Tages innehalten, anschauen, was wir geschafft haben, und dann für gut erklären, was uns an diesem Tag gelungen ist.

Wir sollten also nicht noch Arbeit mit nach Hause nehmen oder bis tief in die Nacht am Rechner sitzen. Alles hat seine Zeit. Arbeit hat seine Zeit - und Ausruhen auch.

Zum Nachdenken
Was kann ich am Ende dieses Tages für gut erklären? Was hindert mich daran, meine Arbeit zu beenden und dann zur Ruhe zu kommen?

Ihre Gedanken

Ihre Gedanken

Tag 2
Lernen Sie, den Sabbat zu halten

Verse des Tages: *Exodus 20,1–11*

Gott hatte das Wochenende nicht nötig. Gottes Energie ist unbegrenzt und er „erschöpft" sich nicht. Der Grund, warum er dennoch den Sabbat schuf, liegt bei uns. Gott machte damit unmissverständlich deutlich, dass das Leben nicht nur aus Arbeit besteht, und mit seinem Beispiel fordert er uns dazu auf, diese Wahrheit niemals zu vergessen. Dabei spielt es keine Rolle, ob ich meine Arbeit im Büro, zu Hause oder in der Gemeinde erledige. Gott nahm sich einen Tag Ruhe – wir sollten es ebenso tun!

In einer leistungsorientierten Gesellschaft, in der Maschinenlaufzeiten optimiert werden, indem sie auch noch am Wochenende laufen, in der die Öffnungszeiten von Geschäften immer weiter ausgedehnt werden, in der Leistung zählt und nicht die Pause – in einer solchen Gesellschaft droht der Sabbat an Bedeutung zu verlieren!

Umso wichtiger, dass Christen am Sabbat festhalten und damit deutlich machen: Wir sind nicht das, was wir erschaffen: Wir sind viel mehr. Wir sind Geschöpfe, die erschaffen wurden, um Gemeinschaft mit Gott zu haben. Wenigstens an einem Tag in der Woche richtig zur Ruhe zu kommen – sonst verlieren wir uns im Geschäftigsein!

Wichtig: „Wenn mein Leben das Sabbat-Gebot nicht ernst nimmt, kann mein Dienst Gott keine Ehre machen!" (Gordon MacDonald) – denn wir missachten bei all unserem Engagement das älteste Gebot des Schöpfers!

Zum Nachdenken

Was hält Sie persönlich davon ab, den Sabbat zu halten? Wie könnten diese Hindernisse überwunden werden? Was bedeutet Ihnen die Tatsache, dass Gott Ihnen persönlich ein Vorbild gegeben hat, was den Ruhetag angeht?

Ihre Gedanken

Ihre Gedanken

Tag 3
Lernen Sie, Nein zu sagen

Verse des Tages: *Apostelgeschichte 6,1–7*

„Er hat einen Sprachfehler!“, sagte eine Frau aus meiner Gemeinde über ihren Mann, einen engagierten Mitarbeiter im Reich Gottes. „Ihm fehlt das Wort ‚Nein‘! Jedes Mal, wenn er angefragt wird, ob er eine Aufgabe übernehmen kann, sagt er zu und verzettelt sich immer mehr in Verpflichtungen und Herausforderungen.“

Oftmals fällt es uns schwer, das Wörtchen „Nein“ zu benutzen, denn es ist gar nicht so leicht, eine Aufgabe, die wir übernehmen könnten, abzulehnen - besonders, wenn wir gerne helfen und uns gerne engagieren.

Dabei vergessen wir aber, dass jedes „Ja“, das wir sagen, zugleich ein „Nein“ an einer anderen Stelle ist! Wenn ich zu einem Wochenendseminar in einer Gemeinde ‚Ja‘ sage, sage ich damit zugleich ‚Nein‘ zu meiner Familie, die dann bei unserem geliebten Samstagmorgen-Frühstück auf mich verzichten muss!

Wenn ich ‚Ja‘ sage zu einer weiteren Überstunde im Büro, sage ich gleichzeitig ‚Nein‘ zu meinem Körper, mit dem ich vielleicht gerade in dieser Zeit joggen sollte.

Nicht jedes Mal, wenn ich eine Aufgabe übernehmen könnte, bedeutet das also auch, dass ich diese Aufgabe übernehmen sollte. Dafür sind die Apostel und die Ereignisse, die im 6. Kapitel der Apostelgeschichte geschildert werden, ein wunderbares Beispiel. Sie hatten gelernt, Nein zu sagen und andere Lösungen zu finden. So konnten sie sich auf das konzentrieren, zu dem sie nach dem Willen Gottes wirklich Ja sagen sollten.

Zum Nachdenken

Zu welchen „guten“ Anfragen sollte ich heute Nein sagen, weil sie mich von dem Notwendigen abhalten würden?

Ihre Gedanken

Ihre Gedanken

Tag 4
Lernen Sie, ungeachtet der Umstände zufrieden zu sein

Verse des Tages: *Philipper 4,10–13*

In der Bibel können wir immer wieder lesen, dass unsere Zufriedenheit nicht von dem abhängt, was wir haben oder erreichen. Wie viel wir besitzen oder was wir im Leben auf die Beine gestellt haben, entscheidet nicht darüber, ob wir ein erfülltes Leben führen, denn immer dann, wenn wir den einstmals fernen Horizont unserer Wünsche erreicht haben, tut sich im Verborgenen schon Neues auf. Der Graben zwischen dem „Mehr" und dem „Genug" ist unüberbrückbar.

Zufriedenheit ist ein erlerntes Verhalten, das wir üben können. Der Schlüssel zu diesem Training besteht in dem Satz: Es könnte schlimmer sein! Denn wenn wir uns nicht mit denen vergleichen, die mehr haben oder die weiter sind, sondern mit denen, die weniger haben oder weiter zurück sind, lernen wir Zufriedenheit und uns mit dem zu begnügen, was wir haben. Denn: Es könnte schlimmer sein!

Zum Nachdenken

In welchen Bereichen Ihres Lebens sind Sie unzufrieden?
Kennen Sie die Gründe für Ihre Unzufriedenheit? Was müsste passieren, damit Sie die Worte des Apostel Paulus für sich in Anspruch nehmen können: „Ich habe gelernt, nicht von äußeren Umständen abhängig zu sein".

Ihre Gedanken

Ihre Gedanken

Tag 5
Lernen Sie, zur Ruhe zu kommen

Verse des Tages: *Psalm 46,1–11*

„Der Teufel lacht, wenn wir beschäftigt hin und her rennen, aber er zittert, wenn wir beten“ (C. S. Lewis). Oftmals besteht seine Strategie darin, uns auf den Beinen zu halten, um zu verhindern, dass wir zur Ruhe kommen, denn Ruhe ist das, was wir eigentlich brauchen. Ruhe und die damit verbundene neue Ausrichtung auf Gott.

Zur-Ruhe-Kommen ist wie das Stimmen eines Instrumentes: Wie oft läuft unser Alltag so, das wir „verstimmt“ werden? Ängste und Sorgen, Zorn und Enttäuschungen, Versuchung oder Zweifel bringen Misstöne hervor, sorgen dafür, dass die Stimmung plötzlich umschlägt, und die Harmonie ist verschwunden. Das Konzert unseres Lebens hat keinen harmonischen Klang mehr.

Wir brauchen die Stille, um uns neu auf Gott einzustimmen, unsere Verstimmungen zu überwinden und neue Harmonie zwischen uns, den Mitmenschen und Gott herzustellen.

Stille aber erleben wir nur, wenn wir unser Tempo reduzieren und unser Leben von Zeit zu Zeit verlangsamen, um uns neu von Gott ausrichten zu lassen. Es gibt nichts im Reich Gottes, das wir auf die Schnelle tun können. Wir können nicht schnell lieben, wir können nicht schnell wachsen, wir können nicht schnell hinhören. Wir können nicht einmal eben schnell still sein!

Zum Nachdenken

In welchen Bereichen müssten Sie Ihr Leben verlangsamen, um von Gott neu gestimmt zu werden?

Ihre Gedanken

Ihre Gedanken

Tag 6
Lernen Sie, ein Gleichgewicht zwischen Engagement und Ruhe zu finden

Verse des Tages: *Lukas 10,38–42*

Martha ist unglaublich engagiert. Sie ist hingegeben, sie arbeitet fleißig und tut das, was erforderlich ist, wenn man einen Gast hat. Und doch verpasst sie das Eigentliche - nämlich zu Jesu Füßen zu sitzen und bei ihm zur Ruhe zu kommen. Sie ist so pflichtbewusst, so zuverlässig, so treu! Sie tut das Gute, verpasst aber das Notwendige - das, was die Not wendet!

Das Leben ist oft hart und fordert uns eine Menge ab. Wie nötig sind da Momente, in denen wir die Arbeit Arbeit sein lassen und in die Gegenwart Jesu kommen - um zu lernen, um gefüllt zu werden, um uns geliebt zu fühlen und erfrischt zu werden. „Kommt her zu mir alle, die ihr mühselig und beladen seid", hat Jesus gesagt. Und sein Angebot gilt noch immer - seit nahezu 2.000 Jahren.

Zum Nachdenken

Sind Sie eher ein Maria- oder ein Martha-Typ? Wo bietet dieser Tag Ihnen die Möglichkeit, sich von Jesus erfrischen zu lassen und bei ihm zur Ruhe zu kommen?

Abschluss

Aus dem Normalen etwas Besonderes machen

Herzlichen Glückwunsch! Sie haben bis zum Ende unseres gemeinsamen Weges durchgehalten. Fast 50 Tage sind wir gemeinsam diesen Weg gegangen, und ich hoffe, dass Sie auf dieser Reise Erfahrungen mit Gott und seinem Wort gemacht haben, die Sie auf den Weg der Veränderung gebracht haben.

Nun stellt sich jedoch die Frage, wie das, was in diesen Tagen begonnen hat, weitergehen kann. Wie kann dieser Prozess nachhaltige Auswirkungen auf Ihr Leben haben? Wie können Sie verhindern, dass die guten Impulse nicht einfach wieder verpuffen, sondern Ihnen die Möglichkeit eröffnen, dauerhaft etwas in Ihrem Leben zu verändern?

Dazu möchte ich Ihnen zum Abschluss drei Fragen stellen:

1. Glauben Sie, dass Gott in Ihrem alltäglichen Leben wirklich gegenwärtig sein möchte?

Wir alle lieben Geschichten über Gottes Handeln. Wir lieben es zu hören, was Gott im Leben von Einzelnen getan hat - Berichte über tief greifende Veränderungen, Erzählungen vom übernatürlichen Wirken Gottes. Heilung, Vergebung, Umkehr - all das, was der Geist Gottes im Leben von anderen getan hat.

Aber dass unser eigenes Leben Schauplatz solcher Ereignisse sein kann, das scheint für viele Menschen unglaublich. „So etwas passiert vielleicht Bill Hybels, Billy Graham, Gordon MacDonald oder John Ortberg, aber mir? Einem durchschnittlichen Christ mit einem durchschnittlichen Leben?"

Und doch verspricht uns die Bibel genau das: „Es ist so weit! Gott wird seine Herrschaft aufrichten" (Markus 1,15; GN). Mit diesen Worten beschreibt der Evangelist Markus den Beginn von Jesu Wirken!

Wenn Gott jetzt seine Herrschaft aufrichtet, dann spart er mein Leben nicht aus - und Ihres auch nicht! Dann will er mit seiner Kraft unser aller Leben durchdringen und verwandeln!

Jesus versprach seinen Jüngern, dass sie weitaus größere Taten vollbringen würden, als er selbst vollbracht hatte! Damit wies er darauf hin, dass unser Alltag der Schauplatz für Gottes großartiges Handeln werden soll. Die Frage ist nur: Glauben wir das wirklich? Es geht hier nicht darum, ob wir das rein intellektuell für wahr halten, sondern: Glauben wir es? Vertrauen wir darauf? Halten wir aktiv danach Ausschau, wo Gottes Zusage in unserem Alltag Wirklichkeit wird? Und sind wir bereit, unser Leben vertrauensvoll darauf auszurichten und offen zu sein für all das, wozu uns der Geist Gottes herausfordert?

Was hindert Sie daran zu glauben, dass Gott in Ihrem Leben Großartiges vollbringen will?

2. Sehnen Sie sich danach, dass Gott durch Ihr Leben etwas in der Welt bewegt?

„Willst du mitspielen?" Der schüchterne Junge am Spielfeldrand war neu in der Siedlung und die Frage eines der Kinder auf dem Fußballplatz hatte ihn offensichtlich erschreckt.

„Nein, danke, ich will nur zugucken!" Er drehte sich um, ging ein Stück, blieb stehen und sah weiter zu. Je länger das Spiel dauerte, desto mehr schien er mitzugehen. Natürlich wollte er mitspielen. Aber er traute sich nicht. Die Rolle des Zuschauers war sicherer. Hier konnte er für sich sein. Hier würde er keine Fehler machen oder sich blamieren. Aber hier würde er auch keine Tore schießen, war nicht Teil einer Mannschaft – war nicht selbst am Kampf beteiligt und konnte keinen Einfluss auf den Verlauf des Spieles nehmen. Die Rolle des Zuschauers ist ja ganz nett – aber viel besser ist es, auf dem Spielfeld zu sein und selbst die Tore zu schießen.

Viele Menschen, die Teil der Gemeinde Jesu sind, bleiben ihr Leben lang auf der Tribüne sitzen und sehen zu, wie andere auf dem Spielfeld die Tore schießen. Sie fahren zu Konferenzen, hören Predigten, lesen Bücher – aber die Vorstellung, dass sie selbst auf dem Spielfeld stehen könnten, macht ihnen Angst!

Und dennoch: Gott hat uns in seiner Weisheit nicht die Rolle des Zuschauers zugedacht. Er will durch unser Leben, durch unsere Veränderung, durch unsere kleine Kraft etwas Großes tun! Er will diese Erde zu einem besseren Ort machen – durch Ihr Leben und durch meines!

Sehnen Sie sich danach? Wünschen Sie sich das für Ihr Leben?

Was würde geschehen, wenn Gott heute zu Ihnen sagte: „Willst du nicht mitspielen?" Zu allen Zeiten haben Menschen auf diese Einladung Gottes mit Erschrecken reagiert! Und immer hat Gott ihnen auf ihre Einwände dieselbe Antwort gegeben: „Ich werde mit dir sein!"

Gott sagt: „Ich werde dich nicht allein lassen. Ich werde dir geben, was du brauchst, um diese Aufgabe zu erfüllen!" Gott hat uns seinen Heiligen Geist versprochen und dieser Geist verändert alles: Aus ängstlichen Jüngern wurden mutige Evangelisten, aus hoffnungslosen Anhängern wurden entschlossene Nachfolger, aus feigen Verleugnern wurden Säulen der Gemeinde Jesu.

Der Heilige Geist brachte Kraft, Hoffnung, Zuversicht und Frieden und er weckte immer wieder neu die Freude an Gott und seinem Reich.

Der Heilige Geist veränderte alles – und er hat seinen Job vor 2.000 Jahren nicht an den Nagel gehängt. Er tut es bis heute. Er tut es mit ganz normalen Menschen, die sich für sein Wirken öffnen, und beginnt sein Werk der Verwandlung. Er tut dies nicht ohne unsere Mithilfe oder gegen unseren Willen, aber er ist am Werk und will durch Ihr Leben Ihr Umfeld und die Welt, in der Sie leben, verändern.

Aber wir müssen uns danach ausstrecken. Wir müssen es wollen! Wie stark sehnen Sie sich danach „mitzuspielen"?

3. Werden Sie Ja sagen, wenn Jesus Sie ruft?

Der Auftrag, den Jesus dieser Handvoll Menschen erteilte, war auch schon für damalige Zeiten unvorstellbar: „Geht hinaus in die ganze Welt und ruft alle Menschen in meine Nachfolge!" Wie sollte diese kleine Schar von ehemaligen Fischern, Zöllnern und Handwerkern diese Mammutaufgabe jemals bewerkstelligen? Sie waren doch nur eine kleine Schar, die der gewaltigen Macht des römischen Imperiums gegenüberstand!

Jesus hatte ihnen versprochen: „Ich habe von Gott alle Macht im Himmel und auf der Erde erhalten ... darum ..." Das Einzige, was nun noch fehlte, war eine Entscheidung – die Entscheidung der Jünger, diesem Auftrag Folge zu leisten. Die spannende Frage war: Würden sie seinem Auftrag folgen oder würden sie wieder nach Hause gehen? Wären sie bereit, alles aufs Spiel zu setzen und sich auf ein Himmelfahrtskommando einzulassen, das, aus menschlicher Perspektive betrachtet, zum Scheitern verurteilt war? Würden sie glauben, dass Jesus wirklich die Macht hat, würden sie Feuer fangen und dann den Entschluss fällen loszugehen? Oder würden sie beschließen, dass sie nun genug hatten und dass ihr religiöses Interesse gestillt war? Und dass man es lieber nicht übertreiben sollte ...

Diese Fragen stellen sich uns bis heute! Nur ist dieser Auftrag schon sehr viel weiter umgesetzt worden, als das vor 2.000 Jahren der Fall war. Man könnte also meinen, es sei heute leichter, sich zu entscheiden – denn Christus hat in den vergangenen 2.000 Jahren seine Kirche über die gesamte Erde ausgebreitet. Er hat immer wieder seine Macht bestätigt und er möchte auch in Ihrem Leben damit anfangen! Wie werden Sie sich entscheiden?

Wie wird das Normale des Alltags zu etwas Besonderem? Allein durch die Nähe Jesu. Wenn wir ihm in unserem Alltag folgen, wird aus dem Alltagstrott ein Abenteuer, bei dem man nie weiß, was als Nächstes kommt, bei dem man aber sicher sein kann, dass seine Hand uns festhält und an ein gutes Ziel bringen wird.

Alles hängt jedoch von dem Wagnis ab, ob wir uns wirklich auf ihn einlassen – durch tägliche geistliche Übungen, durch Hinhören, durch Gehorsam und Offenheit.

Wenn wir daran glauben, dass Jesus unser Leben durchdringen will, und uns danach sehnen, dass er wirklich da ist, dann müssen wir nur noch den Entschluss fällen, ihn beim Wort zu nehmen und zu sagen: „Hier bin ich, sende mich!"

In meinem Büro hängt das Poster einer Hand, die sich mir aus dem Himmel entgegenreckt. Das Bild erinnert mich immer wieder an Gottes Angebot, dass er mein Leben durchdringen will. Ich muss nur seine Hand ergreifen. Ich muss ihm nur vertrauen und an seiner Hand gehen! Nichts hat mein Leben so sehr verändert – nichts hat mein gewöhnliches Leben so außergewöhnlich werden lassen wie der Entschluss, diese Hand zu ergreifen.

Und dieses Angebot gilt auch Ihnen. Schlagen Sie ein!